Belleza
INTERIOR

22 consejos para embellecer tu carácter

Belleza
INTERIOR

22 consejos para embellecer tu carácter

 Vida®

La misión de Editorial Vida es ser la compañía líder en comunicación cristiana que satisfaga las necesidades de las personas, con recursos cuyo contenido glorifique a Jesucristo y promueva principios bíblicos.

BELLEZA INTERIOR
Edición en español publicada por
Editorial Vida – 2016
Miami, Florida

Edición: *Graciela Lelli*
Diseño interior: *Luvagraphics*
Diseño cubierta: *Luvagraphics*

ISBN - 978-0-8297-6340-9

CATEGORÍA: Ministerio cristiano / Juventud

IMPRESO EN ESTADOS UNIDOS DE AMÉRICA
PRINTED IN THE UNITED STATES OF AMERICA

16 17 18 19 20 ❖ 6 5 4 3 2 1

DEDICATORIA

*A quienes buscan más allá
de lo que ven los ojos.*

AGRADECIMIENTOS

A mis padres por su esfuerzo en guiarme y acercarme al Señor. Su ejemplo de entrega total en amor y servicio con pasión a la Iglesia tiene mucho que ver con lo que pude escribir en estas páginas.

A mis suegros quienes no solo han sido modelos de guías espirituales, sino también por haberme dado a Lucas, mi primer verdadero amor aquí en la tierra. Sin ustedes no tendría a mi lado a la persona que más me desafía a crecer y siempre me lanza a soñar nuevos sueños.

A María Gallardo y Nati Adami por su trabajo profesional en este libro.

ÍNDICE

LA PUESTA EN ESCENA

Hay virtudes que seducen.
Son imparables. No hay ley contra
ellas, dejan sin resistencia al más
rebelde y despiertan la admiración
hasta del enemigo más feroz.

Esas virtudes tienen que ver con el
carácter. Con nuestro ser interior.
Con la persona que somos cuando
nadie nos está mirando. Con nuestra
verdadera identidad.

Hay virtudes que seducen. Son imparables. No hay ley contra ellas, dejan sin resistencia al más rebelde y despiertan la admiración hasta del enemigo más feroz.

Esas virtudes tienen que ver con el carácter. Con nuestro ser interior. Con la persona que somos cuando nadie nos está mirando. Con nuestra verdadera identidad.

Nuestro ser interior es ese que emerge en esos momentos críticos donde quienes somos en secreto sale a la luz y queda expuesto a los ojos de todos.

Pero siendo sinceros, nuestro primer reflejo al considerar cómo va nuestra vida es mirar lo externo y no ese interior. Cuánto tengo, cuanto sé, y qué piensan los demás de mí, son cuestiones que suelen ocupar muchos rincones de nuestra imaginación y es que nos enseñaron a creer que lo que se puede ver exteriormente es lo que produce alegría, paz y satisfacción. Pero todos tenemos la sospecha de que no hay nada más alejado de la verdad. Es nuestro ser interior el que dicta los resultados exteriores.

En mi historia personal, no siempre supe que había una belleza interior. Recuerdo a mi mamá diciéndome una y otra vez que los ojos azules pueden conquistar muchas miradas, pero que el carácter conquista a las personas. Pero aunque me lo repitió tantas veces, me costó trabajo entender lo que ella intentaba enseñarme en mi niñez y adolescencia.

Y claro... es que trabajar en nuestro carácter es difícil, y hay un montón de excusas detrás de las cuales podemos escondernos. Podemos pensar «así soy yo», o «es que tuve una niñez muy difícil», o «mis padres me abandonaron», «abusaron de mí», «me hicieron creer que no sirvo para nada», «no tuve la educación adecuada», «los valores de mi familia son diferentes»... o quizás simplemente nos limitamos a mirar lo externo y quedarnos allí.

Sin embargo, la única razón posible para no trabajar el carácter es no querer hacerlo. Embellecer de adentro hacia afuera es posible. Retocar y mejorar nuestro ser interior requiere reflexión, confrontarnos con nosotros mismos, silenciar el ruido que hay a nuestro alrededor y abrir el corazón. Debemos revolver aquellas cosas que siempre tratamos de esconder y tomar responsabilidad por nosotros mismos porque definitivamente vale la pena.

Quizás luego de decidir hacerlo pronto nos sintamos tentados a decir: «pero es muy difícil, y no sé si podré lograr algo». Pero, nada que valga realmente la pena es demasiado fácil. La fortaleza se logra con la resistencia. Si queremos fortalecer un músculo necesitamos un instrumento lo suficientemente pesado o fuerte como para que ofrezca una resistencia adecuada. Si la pesa que levantas es muy liviana no fortalecerás tus músculos.

❧ Nada que valga realmente la pena es demasiado fácil

Es cierto, es difícil. Pero no hay que desesperarse. ¡No estamos solos al trabajar en nuestro carácter! Una de las noticias más fabulosas que la Biblia nos da es que contamos con la ayuda de un especialista para trabajar en forjar un carácter bello. Este especialista es muy detallista, y su objetivo es el continuo perfeccionamiento de cada aspecto de nuestra persona interior. Su nombre es Espíritu Santo.

❧ No estamos solos al trabajar en nuestro carácter

Yo sé que tal vez esta noticia te tome por sorpresa, porque hoy se dicen muchas cosas del Espíritu Santo que pueden sonar un tanto confusas. Pero recuerda que la mejor fuente para conocer acerca de él no es el libro de ese predicador que habla siempre gritando para parecer más lleno de poder, sino que es la Biblia. En sus páginas leemos con claridad que Dios no le asignó al Espíritu Santo la tarea de exaltar nuestras emociones o de hacernos disfrutar grandes momentos en las reuniones. Lo que el Espíritu Santo tiene como misión súper especial es recordarnos todas las cosas que dijo Jesús (Juan 14.26) para provocarnos y ayudarnos a parecernos cada día más a él (Juan 16.13-14).

Cuando somos cautivados por la acción del Espíritu Santo, el carácter de Jesús se va convirtiendo en nuestro carácter (Gálatas 2.20). Comenzamos a ser invadidos, absorbidos y nutridos por la persona más divina que haya pisado el planeta Tierra: Jesús.

Jesús es el más claro ejemplo de cómo la belleza interior hace toda la diferencia. Hoy, 2000 años después de que el caminara entre nosotros, aún seguimos hablando de Jesús. No hay persona más conocida en la historia humana que él y este hecho se pone en perspectiva cuando nos damos cuenta que estamos hablando de alguien que se crio como el hijo de un carpintero en un pequeño pueblo, muy lejos de alguna ciudad que fuera importante en aquel entonces.

En referencia al carácter de Jesús y a lo que produce el Espíritu Santo, en la Biblia encontramos al buen Pablo escribiendo las siguientes palabras:

> *«... el fruto del Espíritu es amor, alegría, paz, paciencia, amabilidad, bondad, fidelidad, humildad y dominio propio.»*
> Gálatas 5.22-23

Las características que menciona aquí Pablo dibujan una receta muy precisa hacia la belleza del carácter. Esas son las virtudes de una persona poderosamente bella, y en estas páginas quiero compartirte algunos de los secretos que sigo descubriendo día a día, a medida que aprendo a trabajar cada una de estas características en mí.

Esa es la belleza que perdura, la que va en crecimiento en vez de en deterioro, y la que nunca nos hace sentir inseguros ni necesita esconderse frente a los demás.

AMOR

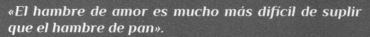

«El hambre de amor es mucho más difícil de suplir que el hambre de pan».

Teresa de Calcuta

«Queridos hermanos, amémonos los unos a los otros, porque el amor viene de Dios, y todo el que ama ha nacido de él y lo conoce. El que no ama no conoce a Dios, porque Dios es amor. Así manifestó Dios su amor entre nosotros: en que envió a su Hijo unigénito al mundo para que vivamos por medio de él. En esto consiste el amor: no en que nosotros hayamos amado a Dios, sino en que él nos amó y envió a su Hijo para que fuera ofrecido como sacrificio por el perdón de nuestros pecados. Queridos hermanos, ya que Dios nos ha amado así, también nosotros debemos amarnos los unos a los otros. Nadie ha visto jamás a Dios, pero si nos amamos los unos a los otros, Dios permanece entre nosotros, y entre nosotros su amor se ha manifestado plenamente».

1 Juan 4.7-12

El amor es la fuerza más poderosa del universo porque Dios mismo es amor. Con amor, por amor, y a través del amor, es posible acceder a lo que parecía inaccesible y provocar lo que parecía imposible.

Para quien actúa con amor, el éxito conjunto está por encima del premio individual. Y esa cualidad les regala una belleza envidiable.

El amor produce empatía, un equipo fantástico de acciones y emociones dirigidas hacia las personas que experimentan dolor o necesidad. El amor se puede notar incluso en las empresas exitosas que desarrollan sus productos y servicios por el bien de los demás, y no con el lucro personal como objetivo único y primario.

El amor no significa aceptación de todas las acciones, las actitudes o personalidades de otras personas pero sí involucra compasión y gracia para con ellas. Lucas 7.47 dice: *«... si ella ha amado mucho, es que sus muchos pecados le han sido perdonados. Pero a quien poco se le perdona, poco ama».* Si Dios me ha amado a mí que soy tan imperfecta, si mi pecado me hacía abominable a sus ojos y él ha dado su tesoro más valioso para rescatarme y hacerme suya, ¿cuánto más debo amar yo a mi hermano?

Las personas que desarrollan el amor como un hábito del carácter brillan

Las personas que desarrollan el amor como un hábito del carácter brillan. Iluminan a otros por no buscar su propio beneficio, y las otras personas los buscan para encontrar más luz.

Ama con gracia

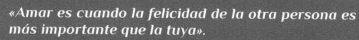

> *«Amar es cuando la felicidad de la otra persona es más importante que la tuya».*
>
> H. Jackson Brown, Jr
>
> *«...Dios demuestra su amor por nosotros en esto: en que cuando todavía éramos pecadores, Cristo murió por nosotros».*
>
> 1 Juan 4.7-12

Amar a quien se lo merece es fácil. Es lo que nos sale de manera natural. Es lo que hacen todos. Pero amar incondicionalmente, esa es otra película.

Es muy probable que conozcas el capítulo 13 de 1 Corintios, y que hayas escuchado decenas de predicaciones al respecto, especialmente en casamientos. Pero te desafío a leerlo pausadamente y con cada una de tus neuronas conectadas a lo que lees:

> *«Si hablo en lenguas humanas y angelicales, pero no tengo amor, no soy más que un metal que resuena o un platillo que hace ruido. Si tengo el don de profecía y entiendo todos los misterios y poseo todo conocimiento, y si tengo una fe que logra trasladar montañas, pero me falta el amor, no soy nada. Si reparto entre los pobres todo lo que poseo, y si entrego mi cuerpo para que lo consuman las llamas, pero no tengo amor, nada gano con eso.*

El amor es paciente, es bondadoso. El amor no es envidioso ni jactancioso ni orgulloso. No se comporta con rudeza, no es egoísta, no se enoja fácilmente, no guarda rencor. El amor no se deleita en la maldad, sino que se regocija con la verdad. Todo lo disculpa, todo lo cree, todo lo espera, todo lo soporta.

El amor jamás se extingue, mientras que el don de profecía cesará, el de lenguas será silenciado y el de conocimiento desaparecerá. Porque conocemos y profetizamos de manera imperfecta; pero cuando llegue lo perfecto, lo imperfecto desaparecerá. Cuando yo era niño, hablaba como niño, pensaba como niño, razonaba como niño; cuando llegué a ser adulto, dejé atrás las cosas de niño. Ahora vemos de manera indirecta y velada, como en un espejo; pero entonces veremos cara a cara. Ahora conozco de manera imperfecta, pero entonces conoceré tal y como soy conocido.

Ahora, pues, permanecen estas tres virtudes: la fe, la esperanza y el amor. Pero la más excelente de ellas es el amor».

1 Corintios 13. 1-13

Los matrimonios se divorcian, los empresarios se estafan, los padres maltratan a sus hijos, y los hijos abandonan a sus padres ancianos, todo esto por falta de amor. El abuso verbal es cosa de todos los días en millones de hogares. Las excusas comunes son que «el amor se terminó», o que «si no me dieron amor, no puedo dar amor». Y así Satanás nos ganó la batalla. ¡Alguien tiene que poner el palo en la rueda y entender que amar es una decisión, y una decisión que no tiene que ver con el otro sino que tiene que ver conmigo!

Satanás logró meter en nuestras mentes y corazones el concepto de la ley de la selva: «cada uno debe pensar en sí mismo, y el más fuerte es el que gana». Tan distorsionado tenemos el entendimiento que cuando leemos 1 Corintios 13 podemos llegar a pensar: «Si yo amara de esa manera, sería una persona débil, y los demás se burlarían y se aprovecharían de mí». Porque eso es lo que nos ha intentado enseñar la calle.

Pero si prestamos atención vemos que 1 Corintios 13 comienza en realidad en el último versículo del capítulo anterior, con la frase: «*Ahora les voy a mostrar un camino más excelente*». Pablo venía hablando de los dones espirituales y de la función de cada uno dentro de la Iglesia como cuerpo de Cristo. Acababa de decir: «*ambicionen los mejores dones*», pero ahora agrega algo muy importante: existe «*un camino más excelente*». Se refiere al camino de Jesús. A un amor desinteresado buscando el bien de los demás.

En nuestra mente humana y carnal, dar ese amor perfecto es una locura. Principalmente porque tememos que las otras personas no nos correspondan. Nos produce temor la idea de darnos por completo y salir perdiendo. Que nos abandonen, nos engañen o nos traicionen. Ese es el pensamiento del mundo. Pero por otro lado Pablo nos enseña que la locura, lo triste, sería tener todo lo que siempre deseamos pero no tener amor.

Las reglas del mundo y las reglas de Dios parecieran ir por avenidas diferentes, y esto se debe a que Satanás está en este mundo para matar, robar y destruir, mientras que Dios envió a su hijo para daros vida, y vida en abundancia. ¡Claro que son opuestos!

> Dios no nos amó porque lo mereciéramos; nos amó porque él es amor

Dios no nos amó porque lo mereciéramos; nos amó porque él es amor. Amar como Cristo amó es la obra del Espíritu Santo en nuestro interior. Amando así compartimos con Cristo su perspectiva, ponemos en práctica sus propósitos y logramos tratar a nuestro prójimo como Dios nos ha tratado a nosotros (Romanos 3.23-25).

Dios es amor. Esa es su esencia y su consistencia. Por lo tanto, si Dios está en nosotros, no podemos amar de otra manera que no sea como Dios nos ama. Como dice 1 Juan 4.7-8: «...*el amor viene de Dios, y todo el que ama ha nacido de él y lo conoce. El que no ama no conoce a Dios, porque Dios es amor*».

Cuando todo pase y tengamos entendimiento perfecto de todas las cosas, las virtudes que quedarán, según Pablo, son la fe, la esperanza y el amor. Fe en quién creímos, esperanza en que sus promesas son verdaderas, y amor, que es la más excelente de todas las virtudes porque es Dios mismo en mí compartiendo su presencia, desde mi vida hacia las de los demás.

Las personas bellas son las que aman con gracia. Las que dan amor, no como devolución, sino como iniciativa.

CONSEJO
2

Perdona cuanto antes

> *«El perdón es la demostración perfecta del amor».*
> Reinhold Niebuhr
>
> *«El que perdona la ofensa cultiva el amor; el que insiste en la ofensa divide a los amigos».*
> Proverbios 17.9

Amar y perdonar son hermanas gemelas. No son iguales, pero en la práctica es muy difícil distinguirlas.

Cuando nos ofenden o lastiman, nuestra reacción automatizada por la cultura es pensar que perdonar no es justo, porque justamente esas personas no se merecen el perdón. Y déjame ser clara en esto: ¡seguramente en el 99% de los casos no se merecen el perdón! Pero nosotros sí nos merecemos perdonar. Porque el perdón no necesariamente tiene que ver con quien nos ofendió, sino con ponerle punto final a las sensaciones y emociones que ahora cargamos por la ofensa, y que nos nublan el corazón y la razón.

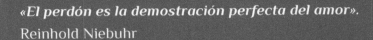 Las personas bellas entienden que el odio y el rencor son venenos que pudren por dentro

Hay historias que merecerían venganza. Escenas que de solo recordarlas nos hacen llorar. Por eso mismo debemos dejarlas atrás y no retroalimentarlas con resentimiento o represalias. Las personas bellas entienden que el odio y el rencor son venenos que pudren por dentro. Estos sentimientos no nos dejan ser plenos. Nos estancan y detienen.

Un profesor de mi esposo Lucas, llamado Lewis Smedes, escribió que: «perdonar es dejar libre a un prisionero y descubrir que ese prisionero eras tú». ¡Cuán ciertas estas palabras! Quien ha sido maltratado, torturado, abusado, abandonado, no logrará amar plenamente y encaminar un futuro libre, sin antes perdonar y perdonarse por las ofensas del pasado.

Perdonar es una decisión y no un acto sentimental. Perdonamos con la voluntad, y luego podemos sentir el perdón en el corazón porque el perdonar da descanso al alma. A quien perdonamos puede afectarle o no nuestro perdón. Muchas veces perdonamos sin que la otra persona llegue a enterarse. Inclusive puede ser que perdonemos a alguien que ya murió, o a alguien a quien no hemos visto por muchos años, o a alguien cuyo nombre nunca supimos. No importa, porque perdonar no tiene tanto que ver con el ofensor sino con la víctima.

El perdón es gracia, es misericordia, y por eso el capítulo donde encontramos a Jesús enseñándonos a orar en esa oración que conocemos como el «Padre Nuestro» se habla tanto del perdón. ¡Lee Mateo 6 y te sorprenderás al ver cuánto de perdón incluye una oración honesta!

Estoy segura de que tenemos mucho por lo que ser perdonados por Dios, y por ello es necesario que aprendamos a otorgar perdón a quien nos ofende para que podamos experimentar la plenitud de la gracia.

Aquí quiero advertirte para que tengas cuidado con algo fundamental. Cuando hablamos de la necesidad de perdonar, a menudo pensamos en aquellos que tienen mucho que perdonar: abusos, maltratos, abandono, traiciones... Sin embargo, todos necesitamos el ejercicio del perdón diario, ya sea de cosas grandes o pequeñas. Esto preserva nuestra salud mental, física y espiritual.

El que no perdona vive lleno de rencor y amargura, de malos recuerdos y dolor. La falta de perdón es como un veneno ingerido en pequeñas dosis, que no se digiere, arruina nuestros órganos y nos mata lentamente.

En el evangelio de Lucas, capítulo 6, resalta la pregunta de Jesús:

«¿Qué mérito tienen ustedes al amar a quienes los aman?...
¿Y qué mérito tienen ustedes al hacer bien a quienes les
hacen bien? Aun los pecadores actúan así». Y más adelante
Jesús continúa diciendo: «...amen a sus enemigos, háganles
bien y denles prestado sin esperar nada a cambio. Así
tendrán una gran recompensa y serán hijos del Altísimo,
porque él es bondadoso con los ingratos y malvados. Sean
compasivos, así como su Padre es compasivo. No juzguen,
y no se les juzgará. No condenen, y no se les condenará.
Perdonen, y se les perdonará... Porque con la medida que
midan a otros, se les medirá a ustedes».

Cuando alguien nos lastima, creemos que tenemos derecho a responder de la misma manera. A vengarnos, o a contestar agresivamente. Esa es la manera fácil de actuar y, como dije antes, en ciertos casos hasta tiene apariencia de justicia. Pero amar a quienes nos trataron mal es lo que hace la diferencia, y es lo que nos hace brillar en la oscuridad.

Piensa en la historia de «La Cenicienta» y su zapato de cristal. La versión más antigua de esta historia proviene de China, pero quien la hizo popular fue el escritor francés Charles Perrault en 1697. ¿Sabías que esa chica tiene tantos siglos? Mucho más tarde los Hermanos Grimm inmortalizaron este y otros cuentos de hadas, y así la historia se convirtió en miles de libros y películas.

En la película del 2014 producida por Disney, la madre, en su lecho de muerte, le dice a Cenicienta: «Ten coraje y se bondadosa». Cenicienta le promete que lo hará. Luego, como todos sabemos, el padre de Cenicienta se casa con la malvada madrastra, quien trae a vivir a la casa a sus dos inescrupulosas hijas, las que se convierten en sus hermanastras. Pasado un tiempo, el padre de Cenicienta muere, y ella queda como sirvienta de estas tres horribles mujeres.

Y aquí viene lo que quiero señalarte. La historia es memorable justamente porque Cenicienta permanece bondadosa y amable frente a toda circunstancia. Con esa belleza que viene de adentro es que deslumbra al príncipe que luego, aunque la conoce con sus ropas sucias y gastadas, no deja de amarla, porque se ha enamorado de su corazón. A mí me emocionó cuando, en esta versión, Cenicienta sale de la casa de la mano del príncipe, quien acaba de proponerle matrimonio, y ella mira a su madrastra y le dice: «No te preocupes, te perdono».

Esta historia ha sido un éxito por cientos de años. ¿Por qué? Porque de alguna manera es una historia similar a la de nuestro Señor Jesucristo, que siendo él mismo Dios, se hizo siervo, y sin merecerlo fue maltratado y llevado a la cruz, y aun estando en la cruz nos miró a los ojos y nos dijo: «Te perdono».

Al perdonar provocamos un cambio de actitud en ambas partes

Al perdonar provocamos un cambio de actitud en ambas partes. Quien ha sido perdonado tendrá la oportunidad de experimentar la gracia que nosotros conocimos en Cristo. Y quien perdona gana la libertad del alma, sabiendo que así como perdonamos se nos perdonará.

El perdón desata y libera. El perdón te deja volar.

CONSEJO

3

Sueña con otros

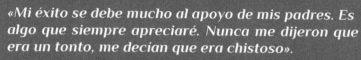

«Mi éxito se debe mucho al apoyo de mis padres. Es algo que siempre apreciaré. Nunca me dijeron que era un tonto, me decían que era chistoso».

Jim Carrey

«El amor debe ser sincero. Aborrezcan el mal; aférrense al bien. Ámense los unos a los otros con amor fraternal, respetándose y honrándose mutuamente».

Romanos 12.9-10

Todos tenemos sueños y anhelos del alma. Lo que no muchos tienen son personas que hagan de esos sueños los suyos propios, y los ayuden a soñar aun más alto. Mi esposo siempre dice que los mejores líderes son los que saben ser el número uno en ser el número dos, ¡y yo agrego que eso funciona también para los amigos!

Parte de la acción de amar involucra levantar a otros. Si nunca has logrado menguar para que brillen tus amigos, no has sabido ofrecer la mejor clase de amistad que se puede ofrecer. El corazón humano es egoísta y vanaglorioso. No tiene por instinto natural levantar y acompañar a otros. Por eso debemos aprender a limarlo, y a no dejar que sus callos nos endurezcan la vida.

Juan el Bautista era conocido como «el bautista» justamente por su función de predicar el evangelio del Reino, bautizando a la gente para el perdón de pecados. Dicho de otro modo, ¡era tan importante lo que hacía que se había convertido en su identidad! De pronto aparece Jesús, y se pone a bautizar gente. ¡Más de uno habría pensado en Jesús como en su competencia! Incluso, así sucedió. Mira lo que dice Juan 3.26-30:

> *«Aquéllos fueron a ver a Juan y le dijeron:*
>
> *—Rabí, fíjate, el que estaba contigo al otro lado del Jordán, y de quien tú diste testimonio, ahora está bautizando, y todos acuden a él.*
>
> *—Nadie puede recibir nada a menos que Dios se lo conceda—les respondió Juan—. Ustedes me son testigos de que dije: «Yo no soy el Cristo, sino que he sido enviado delante de él. El que tiene a la novia es el novio. Pero el amigo del novio, que está a su lado y lo escucha, se llena de alegría cuando oye la voz del novio. Ésa es la alegría que me inunda. A él le toca crecer, y a mí menguar».*

Los seguidores de Juan no perdieron tiempo antes de ir a meter cizaña, intentando llenarle la cabeza con eso de «la competencia». ¡Qué linda la respuesta de Juan! Él sabía quién era y qué era lo que tenía que hacer. Su respuesta salió de un corazón rebosante del Espíritu Santo, sin una gota de envidia ni malas intenciones. Juan amaba a Jesús. Ya desde el vientre de su madre había reconocido la autoridad de su amigo, y ahora se alegraba por sus obras.

Recuerdo con orgullo el día en que mi hijo Max volvió feliz de la escuela y me contó una gran lección de liderazgo que había aprendido. Él tenía entonces tan solo seis años. Un compañero de clase lo había estado molestando por varias semanas, desafiándolo y hasta amenazándolo con pegarle. Este pobrecito niño, a quien llamaré Pedro, había vivido cosas que nadie a los seis años debería haber vivido, y su reacción previsible era la violencia.

En este día en particular, Pedro se había levantado inspirado para hacer el bien, como excepción a la regla de su comportamiento habitual. Había sido amable con dos compañeras durante la hora de almuerzo, alcanzándoles cubiertos y ayudándolas con sus bebidas, y Max lo notó.

Al regresar a la clase, Max le contó a la maestra cómo Pedro se había portado muy bien aquel mediodía. La maestra con alegría felicitó a Pedro, y por primera vez este niño recibió un premio por buen comportamiento.

Lo interesante es que, además de disfrutar de la felicidad por el premio, Pedro se acercó a Max, lo abrazó y le dijo: «Hoy me hiciste ser mejor».

Max no fue quien inicialmente hizo que Pedro fuera mejor, pero sí resaltó su actitud y su potencial, y eso hizo que Pedro se sintiera un ganador. Y claro, seguramente esto ocasionó que luego él encontrara un mayor placer en portarse mejor.

Esa tarde compartieron el arenero, y con un tono compasivo en su voz Max me contó: «Hoy dejé que Pedro fuera el líder en el juego, porque se lo merecía». ¡Con qué poco podemos levantar a quienes están a nuestro alrededor! Desde ese día Max y Pedro jugaron en paz. No se hicieron mejores amigos, pero nunca más discutieron.

Con mucha frecuencia los líderes se sienten amenazados por otros líderes, incluso líderes de su mismo equipo de trabajo. Les cuesta ceder el micrófono, el espacio en el escenario o el protagonismo, y nunca festejan los triunfos ajenos ni dejan que brillen los demás, por temor a perder autoridad. Lo que no se dan cuenta es que quien levanta a otros, gana autoridad. Liderar es ceder el primer lugar.

Fíjate que Jesús también levanto a Juan, tal como leemos en Mateo 11.7-11:

> «Mientras se iban los discípulos de Juan, Jesús comenzó a hablarle a la multitud acerca de Juan: "¿Qué salieron a ver al desierto? ¿Una caña sacudida por el viento? Si no, ¿qué salieron a ver? ¿A un hombre vestido con ropa fina? Claro que no, pues los que usan ropa de lujo están en los palacios de los reyes. Entonces, ¿qué salieron a ver? ¿A un profeta? Sí, les digo, y más que profeta. Éste es de quien

está escrito: Yo estoy por enviar a mi mensajero delante de ti, el cual preparará tu camino. Les aseguro que entre los mortales no se ha levantado nadie más grande que Juan el Bautista... »

Jesús lo llamó «el más grande entre los mortales». ¡Wow! ¡Que elogio! ¿Te imaginas ganarte ese piropo de la boca de Jesús? Juan se lo ganó por saber poner los sueños de otros primero. Esta relación entre Jesús y Juan muestra que hay momentos en los que soñar los sueños de Dios para nuestro hermano, nuestro amigo, e incluso para los «pequeños Pedros», debe ser nuestra iniciativa. Alegrarnos con él o ella, y procurar su éxito, es la manera de amar a nuestro prójimo como a nosotros mismos.

> Alegrarnos con él o ella, y procurar su éxito, es la manera de amar a nuestro prójimo como a nosotros mismos

En mi caso, yo he podido aprender cómo una buena esposa es también un trampolín para su compañero de vida. ¡Y qué gozo trae esto! No hay nada más hermoso que ver triunfar a quien amamos con todo el corazón, y saber que tuvimos mucho que ver en ello, sin importar quién se lleve el crédito. Yo me siento feliz de ser la número dos en mi casa, porque sé que para mi esposo seré la número uno. Mi mayor recompensa es que él quiera venir corriendo a casa, quiera pasar tiempo conmigo, y se sienta un ganador a mi lado. Cuando Lucas tiene dudas, le recuerdo las obras del Señor en nuestra vida. Cuando se siente inseguro, le recuerdo nuestras historias favoritas y le doy la seguridad de que, aunque las cosas no salgan como se planearon, todo va a estar bien. No lo hago porque yo sea algo especial. Lo hago porque acepté ese rol y sé que es lo mejor para ambos. Cuando él crece, yo crezco también. Y lo mismo haré con mis hijos hasta que ellos se casen y tengan su propio trampolín.

Sé un trampolín para quienes te rodean, y verás cómo entonces tú puedes saltar más alto también.

ALEGRÍA
(gozo)

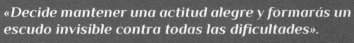

> «*Decide mantener una actitud alegre y formarás un escudo invisible contra todas las dificultades*».
> Helen Keller
>
> «*El corazón alegre se refleja en el rostro, el corazón dolido deprime el espíritu*».
> Proverbios 15.13

En el griego original de la Biblia la palabra *Charra* se refiere a la virtud que no depende de las circunstancias para mantener la esperanza. *Charra* es una actitud positiva, aun frente a eventos negativos. Y esta alegría, como virtud del carácter, es contagiosa. Entusiasma a otros. Levanta el ánimo de los demás, y genera placer al que pasa tiempo con quien la posee.

No hay ninguna duda de que las personas alegres son atractivas. Donde hay sonrisas uno se siente bien. La alegría proviene de un corazón agradecido y un alma en paz, ¿a quién no le gusta eso?

Como dice Proverbios, el corazón alegre embellece a las personas. Un rostro sonriente y una actitud alegre le dan un no sé qué aun a quien carezca de las facciones más refinadas.

Pero la alegría no es una condición emocional. La alegría es una actitud del alma y de la mente. John Maxwell, en su clásico libro «Desarrolle el líder que está en usted» escribió una gran verdad que siempre me llamó la atención: «Nuestras actitudes no pueden detener nuestros sentimientos, pero pueden impedir que nuestros sentimientos nos detengan».

No debemos ser condicionados por el sentimiento de alegría, sino condicionar nuestros sentimientos con una actitud alegre. Los que viven enojados por lo que les ha pasado en la vida han condicionado su futuro basado en algo que ya no pueden controlar. Y es importante notar que lo que les arruinó la vida no necesariamente ha sido aquel hecho, sino la actitud equivocada que han tomado al respecto. Porque es innegable que hay personas que han sufrido cosas terribles y, sin embargo, han llegado a vivir vidas plenas. Así que todo depende de con qué actitud nos tomemos las cosas.

> No debemos ser condicionados por el sentimiento de alegría, sino condicionar nuestros sentimientos con una actitud alegre

El primer interesado en que nos detengamos es Satanás. Él no quiere que cumplamos el propósito para el cual fuimos creados. Es el padre de la mentira y el engaño, y pretende que vivamos inmersos en nuestras derrotas y fracasos. Satanás quiere llenarnos de temor y dudas para que nunca seamos quienes debemos ser. Él quiere que vivas amargado y lleno de quejas porque su propósito es la destrucción del plan perfecto de Dios (Juan 10.10).

Pero en Juan 15.10 -11 leemos: «*Si obedecen mis mandamientos, permanecerán en mi amor, así como yo he obedecido los mandamientos de mi Padre y permanezco en su amor. Les he dicho esto para que tengan mi alegría y así su alegría sea completa*».

Jesús, al contrario de Satanás, vino a darnos vida, y quiere llenarnos de su alegría. Y ésta alegría no es superficial ni circunstancial. Es una alegría completa en él, que se desata en nosotros cuando decidimos ser alegres pese a las circunstancias.

Una actitud alegre proviene de un corazón decidido a ser agradecido. Un corazón bañado del Espíritu Santo de Dios, que ha dejado atrás la suciedad que ocasiona el olvidar su gracia.

Un apóstol Pablo maduro escribió: *«Alégrense en la esperanza, muestren paciencia en el sufrimiento, perseveren en la oración».* Romanos 12.12

Claro, es probable que te toque vivir momentos muy difíciles, los cuales roben tu felicidad. Pero el gozo del Señor es mayor, porque no se basa en una situación pasajera sino en una esperanza eterna.

CONSEJO

4

Cuenta motivos de agradecimiento

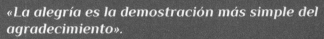

> «*La alegría es la demostración más simple del agradecimiento*».
>
> Karl Barth
>
> «*...Así perseverarán con paciencia en toda situación, dando gracias con alegría al Padre...*».
>
> Colosenses 1.11-12

Una de las tradiciones que más aprecio del país donde vivo es la celebración del Día de Acción de Gracias. Según la tradición, en determinado momento los peregrinos europeos y los nativos de Norteamérica decidieron detener sus conflictos para celebrar una comida juntos, agradecidos por los frutos de la tierra y por la posibilidad de trabajar la paz unos con otros. Es una tradición que todos los habitantes del país celebran sin importar su raza, religión o tendencia política, y principalmente consiste en reunirse en familia o con amigos para agradecer por lo que ha sucedido en el año y recordar por qué razones podemos ser felices.

Lo hermoso de esto es que ¡siempre hay motivos por los cuales agradecer! Aun en los momentos más difíciles podemos parar y dar gracias a Dios por su bondad. Aun en situaciones que no entendemos, sabemos que podemos salir adelante recordando sus bendiciones, porque ellas producen esperanza, y la esperanza alegría, y la alegría paz en el alma.

Cuando con Lucas nos encontramos en situaciones que no dependen de nosotros, en momentos de incertidumbre en los que solo nos queda esperar, me gusta mirar atrás y recordar de dónde hemos venido y cómo el Señor nos trajo hasta donde llegamos. Recordamos juntos esas escenas, y una vez más nos llenamos de asombro y agradecimiento. Nuestra fe y esperanza se multiplican, y no queda más que dar gracias a Dios. ¡Entonces brota alegría del corazón y se renuevan las fuerzas «para perseverar con paciencia en toda situación»!

Filipenses 4.4-6 nos recomienda: *«Alégrense siempre en el Señor. Insisto: ¡Alégrense! Que su amabilidad sea evidente a todos. El Señor está cerca. No se inquieten por nada; más bien, en toda ocasión, con oración y ruego, presenten sus peticiones a Dios y denle gracias».*

Nota que Pablo no dice que nos alegremos cuando todo está bien, ni cuando todo marcha como lo planeamos, ¡sino que dice SIEMPRE... en el Señor! ¿Por qué? Porque siempre en el Señor encontramos motivos por los cuales estar agradecidos. Ya sea por lo que pasó o por la esperanza en lo que vendrá.

Siempre en el Señor encontramos motivos por los cuales estar agradecidos

Sin lugar a dudas la depresión es un enemigo que ataca a cada vez más gente. He tenido personas muy cercanas que la han enfrentado con furia. La *Brain & Behavior Research Foundation* (una fundación de investigación sobre las funciones del cerebro y el comportamiento humano) reporta que el 7% de la población de los Estados Unidos está diagnosticada con depresión. ¡Imagina cuántos más habrá sin diagnosticar!

Lamentablemente, lo primero que los cristianos tendemos a hacer cuando escuchamos hablar de depresión es relacionarla con falta de espiritualidad, con una obra satánica o con pecados sin confesar. La realidad es que, aunque estas razones pueden ser ciertas en algunos casos, también hay depresiones debidas a enfermedades cerebrales o a desbalances químicos. Además, ciertos tipos de personalidad tienen mayor inclinación hacia la depresión, como por ejemplo quienes son melancólicos. ¡La buena noticia es que tanto unos como otros pueden acudir a esa gran arma para el desánimo que es el recordar las grandezas del Señor en nuestra vida! Recordar y repetirnos sus promesas, para alimentar nuestra esperanza en el futuro.

La esperanza juega un rol esencial en la alegría, y el Señor es nuestra mayor esperanza porque es una esperanza eterna. En Salmos 36.8 leemos: *«Porque en ti está la fuente de la vida, y en tu luz podemos ver la luz».* Cuando nos alejamos de esta esperanza, nos alejamos de la fuente de vida, y entonces nos invaden la incertidumbre y la culpa.

Unos versículos más adelante en la carta a los Filipenses, Pablo los alienta a llenarse de pensamientos que construyen el alma, que alimentan el ser interior. En Filipenses 4.8 él les dice: *«Por último, hermanos, consideren bien todo lo verdadero, todo lo respetable, todo lo justo, todo lo puro, todo lo amable, todo lo digno de admiración, en fin, todo lo que sea excelente o merezca elogio».* Dedicarle tiempo a pensar y reflexionar en lo verdadero, lo respetable, lo justo, lo puro, lo amable... todo esto renueva nuestras energías, limpia nuestro corazón y mantiene alto nuestro espíritu.

Te invito a hacer un ejercicio. Durante un día entero, presta atención a tus propias palabras y escucha lo que los demás reciben desde lo profundo de tu interior. Aquello que sale de tu boca sin siquiera pensarlo. Quizás quieras gritarme: «¡que exagerada, Valeria!», pero el mismo Jesús dijo que de la abundancia del corazón habla la boca.

Si lo que escuchamos que sale de nuestros labios es queja (por lo que nos pasa, por lo que no tenemos o no logramos, por lo que otros dijeron, por las consecuencias injustas que nos toca vivir debido a las malas decisiones de nuestros padres u otras personas en el pasado), sea lo que sea que está produciendo esas quejas, tenemos que parar y pensar: ¿de qué está lleno mi corazón? Y, más importante: ¿cómo lo seguiré alimentando?

Llenarnos de quejas y excusas, creando un caso de juicio hacia los demás y tratando de probar que somos las víctimas de la situación, solo nos llena de ira y odio que nos pudren de adentro hacia afuera. Nuestras palabras no solo afectan a quienes las reciben, sino también a nosotros mismos. Como dice Proverbios 27. 4: *«Cruel es la furia, y arrolladora la ira...»*

Quiero hacer una aclaración: Dios nos da permiso de enojarnos. Es humano. ¿Quién no se ha enojado más de una vez? ¡Hasta Dios lo hace! Pero en Efesios 4.26 dice: *«Si se enojan, no pequen...».* Cuando nos enojamos debemos tener cuidado, para no tirar todo lo que construimos por la borda. Porque es mucho más difícil construir que destruir. Y porque para reconstruir hay que remover los escombros, y eso lleva mucho tiempo y esfuerzo. Es muy común decir cosas «que no quisimos decir» por estar enojados, pero debemos recordar que las heridas de esas palabras pueden dejar cicatrices profundas y difíciles de sanar.

En mi caso, yo lucho mucho con las palabras que salen de mi boca, especialmente hacia mi familia. Soy de ascendencia italiana (¡la excusa perfecta!), y el grito lo tengo en la punta de la lengua. A veces sale más rápido de lo que me gustaría confesar aquí. Realmente me cuesta no «pegar el grito en el cielo» cuando mis hijitos cruzan un límite, y por eso debo recordarme a mí misma lo que la experiencia me ha enseñado: que gritar, además de hiriente, es improductivo para todos. Los gritos y las palabras ofensivas cierran los oídos y el corazón del receptor. Si nos enojamos, ¡no pequemos! No le demos la oportunidad al diablo, que aprovecha esos momentos para destruir relaciones y traer caos.

Contar motivos de agradecimiento te ayudará a controlar el enojo y a decir lo que es justo. Amansará tu corazón y lo llenará nuevamente de esperanza.

Recuerda: no hay nada más hermoso que una boca llena de agradecimiento. ¡Ese sí que es el mejor bótox que existe para los labios! Esfuérzate por tener una boca que inspire a otros, que aliente, y que contagie sensaciones de esperanza y de bondad.

CONSEJO
5

Encuentra oportunidades en los desafíos

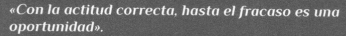

«*Con la actitud correcta, hasta el fracaso es una oportunidad*».

Henry Ford

«*Al contrario, alégrense de tener parte en los sufrimientos de Cristo, para que también sea inmensa su alegría cuando se revele la gloria de Cristo*».

1 Pedro 4.13

Si buscas el término «Gozo» en algunos diccionarios online encontrarás la descripción de una pequeña isla del archipiélago de Malta cuya capital, curiosamente, se llama «Victoria». ¿No te parece fabuloso? ¡Hasta la geopolítica nos enseña que si estamos en Gozo podemos vivir en Victoria!

Al principio de este libro decíamos que la resistencia produce fortaleza. De la misma manera, los desafíos de la vida son oportunidades para fortalecer nuestra alma. Los desafíos nos mantienen ocupados, y suelen ponernos de rodillas. Pero también sensibilizan nuestros radares para buscar las promesas de Dios, y de ese modo nos enseñan a construir pilares en nuestro interior que servirán de sostén para los próximos retos.

Nuevamente es el apóstol Pablo quien nos aporta una súper verdad en Romanos 5.2-5, donde leemos:

«También por medio de él, y mediante la fe, tenemos acceso a esta gracia en la cual nos mantenemos firmes. Así que nos regocijamos en la esperanza de alcanzar la gloria de Dios. Y no sólo en esto, sino también en nuestros sufrimientos, porque sabemos que el sufrimiento produce perseverancia; la perseverancia, entereza de carácter; la entereza de carácter, esperanza. Y esta esperanza no nos defrauda, porque Dios ha derramado su amor en nuestro corazón por el Espíritu Santo que nos ha dado».

Nadie debería atreverse a decir que los sufrimientos desaparecen cuando entregamos nuestra vida a Cristo. Vivimos en un mundo corrupto, imperfecto, y sufrimos las consecuencias de nuestras malas decisiones y de las malas decisiones de los demás (de quienes conocemos y de personas que no tenemos ni idea que existen). Sin embargo, en Cristo moldeamos nuestro carácter para que las dificultades se transformen en oportunidades de padecer con él sus sufrimientos, de acercarnos más a Dios, de transformarnos para ser mejores, de cambiar, de perfeccionarnos... y de poder ser la diferencia.

En una oportunidad, manejando con mis dos hijos hacia la escuela, les pregunté: «¿Qué creen que sería mejor? ¿Tener muchos problemas y saber resolverlos, o no tener ningún problema jamás?». Según sus personalidades, cada uno escogió una de las opciones. Uno prefirió nunca tener problemas, y el otro prefirió saber solucionarlos. Hice este ejercicio para ayudarlos a pensar por sí mismos y a explicar sus repuestas, sin necesariamente decir que uno estaba bien y el otro no. Y la conversación resultó ser muy interesante.

> No hay persona que entienda mejor el dolor que el que ya lo ha experimentado

La mayoría de nosotros preferiríamos nunca tener problemas. Pero si no tenemos desafíos, cosas que conquistar, si no tenemos ocasiones en las que probar nuestra fortaleza interior y nuestra integridad, ¿cómo sabremos que las tenemos? ¿Cómo sabremos que somos compasivos si nunca vemos sufrir a otro? ¿Cómo sabremos dar amor incondicional si siempre nos rodeamos de quienes nos caen bien? No hay persona que entienda mejor el dolor que el que ya lo ha experimentado.

Una muy buena amiga y su esposo lideraban un grupo de jóvenes mayores con quienes cada tanto tenía un día de «acción» y salían a las calles a predicar y a realizar trabajo de misericordia. Entre los miembros del grupo había un muchacho rehabilitado de las drogas, con un historial de varias idas y venidas a centros de rehabilitación, y que todavía encontraba muy difícil caminar en plena libertad. En una de las salidas de acción social que hicieron, la cual, de hecho, fue propuesta por este muchacho, fueron al centro de la ciudad a predicarle a un grupo de drogadictos que se juntaban siempre en la misma esquina. Ellos vivían ahí como indigentes, no porque no tuvieran casa, sino porque estaban todo el tiempo drogados y no sabían que había pasado con sus cosas, o bien porque ya directamente lo habían perdido todo. Algunos no sabían ni dónde estaban, y otros lo sabían pero no querían regresar a sus hogares.

Al llegar al lugar comenzaron a realizar un trabajo de amor por estos adictos. Les llevaron comida, ropa limpia, zapatos, productos de limpieza, y todo lo que pudieron. También comenzaron a hablarles del Señor. Pero estos jóvenes estaban tan mal que todo resultaba muy difícil. Las conversaciones se hacían muy incoherentes, y ellos realmente no entendían lo que los líderes del grupo trataban de decirles. Hasta que el joven rehabilitado comenzó a contar su historia. La conexión fue inmediata, porque ellos se reconocían en lo que el joven contaba, y porque hablaba su mismo lenguaje. Pero más que nada, porque podían sentir que él había sufrido lo que ellos sufrían, y entonces ahora él podía pasarles el mensaje de manera que ellos lo pudieran entender.

Este muchacho había arruinado su vida con las drogas, pasando tiempo en la cárcel y con desórdenes de todo tipo. Pero ahora su vida había sido transformada y estaba experimentando la belleza de cómo sus fracasos pasados y desafíos presentes se convertían, en las manos de Dios, en una gran oportunidad de bendecir a otros.

Los desafíos son un síntoma de que te estás moviendo, de que estás en acción, ¡de que estás vivo! Solo los muertos no tienen ningún problema ni les importa absolutamente nada de lo que pasa a su alrededor.

Si dejamos nuestra vida en las manos del Señor y nos entregamos desinteresadamente a él, si lo buscamos y lo seguimos pase lo que pase, entonces vamos a reencontrar el sentido de nuestra vida. Y entonces todas las cosas nos ayudarán a bien, porque cooperarán con la misión del Espíritu Santo, que busca que nos parezcamos cada vez más a Jesús. (Romanos 8.28-29)

Los problemas y los desafíos son como peldaños en una escalera. Nosotros decidimos si nos llevan hacia abajo o hacia arriba.

PAZ

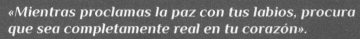

> «*Mientras proclamas la paz con tus labios, procura que sea completamente real en tu corazón*».
> Francisco de Asís
>
> «*La paz les dejo; mi paz les doy. Yo no se la doy a ustedes como la da el mundo. No se angustien ni se acobarden*».
> 1 Pedro 4.13

Al igual que hacemos con el amor y el perdón, la mayoría de nosotros hablamos de la paz como si fuera solamente un sentimiento. O, en todo caso, pensamos que la paz es eso que deberían hacer las potencias en medio oriente para evitar las guerras.

Desde una perspectiva personal, la consideramos como un «accidente». Algo que nos ocurre o que, simplemente, nos pasa de largo. Y es que, según el diccionario, la paz es la ausencia de conflicto, inquietud, violencia, guerra o caos. ¡Pero esa no es la idea bíblica acerca de la paz!

En el Nuevo Testamento, la palabra original en el griego es *Eirene*, y esta palabra se refiere a tener calma emocional ante los conflictos y desafíos propios de una vida entre gente imperfecta. La paz *Eirene* amansa la ansiedad. Serena con sosiego el activismo no productivo, y quienes la poseen lidian con la complejidad de las relaciones interpersonales como un niño domina una bicicleta.

La paz que el mundo busca es ausencia de conflicto, y por eso tantas veces nos encontramos con personas que solo viven evadiendo los conflictos porque, al no saber enfrentarlos, prefieren esconderse «en nombre de la paz». El problema es que no todos los conflictos se pueden evitar. Algunos no tienen solución hasta que los enfrentamos, y precisamente para enfrentarlos lo ideal es ser personas llenas de paz *Eirene*.

Esta es la paz que se manifiesta *a pesar* del conflicto, *a pesar* de la violencia, la guerra o el caos. ¿Te gustaría tener paz a pesar de todo? ¡Esa es la paz que Jesús nos prometió!

Hay quien busca la paz sin saber que la está buscando

Muchos buscan la paz en religiones, usando el legalismo para controlar sus impulsos. Algunos buscan la paz en excusas para callar su remordimiento. Hay quien busca la paz sin saber que la está buscando, en el alcohol y el abuso de otras sustancias que ayuden a perder la razón y olvidar. Pero la verdadera paz se encuentra solo en la gracia de Dios hecha carne en Jesús. En él tenemos una paz que no es la que puede dar nada ni nadie más. Esta es una paz que, como dice Filipenses 4.7, sobrepasa todo entendimiento, y cuidará nuestros corazones y pensamientos siempre.

Eirene es un salvavidas que nos permite mantenernos a flote aun en medio de un mar de problemas. *Eirene* hace que transpiremos una seguridad que cautiva, y por eso es una de las virtudes siempre presentes en las personas verdaderamente bellas.

CONSEJO
6

Encausa tus emociones

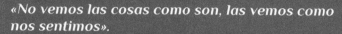

«No vemos las cosas como son, las vemos como nos sentimos».

Anais Nin

«Por sobre todas las cosas cuida tu corazón, porque de él mana la vida».

Proverbios 4.23

Cuando recién llegué a los Estados Unidos sucedió un hecho muy triste y que llamó profundamente mi atención. Tal vez lo recuerdes porque salió en los noticieros y periódicos de todo el mundo. En una escuela secundaria de la ciudad Columbine, en el estado de Colorado, unos adolescentes se armaron con bombas caseras y armas de fuego y mataron a diez estudiantes y dos maestros mientras corrían por toda su escuela, para luego, finalmente, quitarse la vida ellos mismos.

El hecho fue perturbador y llenó de preocupación a toda la sociedad norteamericana. Yo, recién llegada de otro país y frágil ante el sentimiento colectivo, no fui la excepción. Una noche de esa misma semana, me encontré sola en casa. Era tarde, y Lucas, mi esposo todavía no había regresado. De repente empecé a escuchar ruidos en la parte de atrás de la casa. Lo recuerdo como si hubiera pasado ayer. Me quedé petrificada en la oscuridad de la cocina, escondida en un espacio entre la heladera y la pared. No podía moverme, no podía pensar, no sabía qué hacer. Solo escuchaba los ruidos y tenía pensamientos oscuros. Estuve ahí hasta que llegó

Lucas, y con un vecino revisaron la casa para encontrar... nada. Absolutamente nada.

Quiero que comprendas que no soy una persona temerosa. Hoy en día me quedo sola muchas veces, ya que Lucas viaja constantemente. Me enfrento a decisiones importantes que tengo que tomar por mí misma muy a menudo, y nunca sufrí ataques de pánico ni nada por el estilo, a no ser por esa escena que te acabo de compartir. ¿Qué fue lo que me ocurrió? Es simple: el ambiente oscuro presente en los noticieros y los periódicos, y los comentarios pesimistas de amigos bien intencionados, se habían apoderado de mí. Mis emociones, alimentadas por el amarillismo de los medios masivos de comunicación y las conversaciones de la gente a mi alrededor, me produjeron ese episodio de temor.

Son muchas las veces en que nos dejamos manipular emocionalmente. En la mayoría de los casos, sin embargo, las situaciones son más sutiles que lo que me sucedió a mí la semana de la matanza de Columbine. Pero funcionan de la misma manera. Al escuchar los problemas de una amiga podemos sospechar que tendremos los mismos problemas. Al ver una noticia en la televisión podemos dejar que nuestro corazón se llene de temor o nuestra mente de enojo, y esto puede arruinarnos una noche en familia. Incluso conozco algunas personas que se «enferman» de cualquier enfermedad ni bien se enteran que anda dando vueltas por la ciudad, sin que, clínicamente, tengan realmente esa enfermedad.

Las emociones son un regalo de Dios, y nacen de los sentimientos que producen las sensaciones. Ni entristecerse, ni enojarse ni asustarse son sensaciones negativas, sino que son simplemente naturales. En la situación correcta, hasta pueden ser emociones positivas. Asustarte puede salvarte de un peligro, entristecerte puede ser una muestra de amor que produce una mayor dependencia de Dios, y un facilitador de actos de misericordia, y enojarse contra lo que está mal definitivamente puede ser la emoción necesaria para impulsarnos a cambiar una situación injusta. El problema es cuando estas sensaciones nos gobiernan, o peor aun, cuando son infundadas y no tienen correlación con lo que en realidad está sucediendo. Como lo que me sucedió a mí en la cocina. En estos casos las emociones no están bien encausadas, y entonces tienen un efecto negativo sobre nuestra percepción de la realidad.

Hoy por hoy, numerosas investigaciones han demostrado que las emociones son una combinación de estimulación física y cognición (pensamiento). Es decir, la manera en la que te sientes afecta tu pensamiento y tus pensamientos afectan tus emociones. ¡La buena noticia es que los estudios también han demostrado que en verdad sí podemos aprender a regular nuestras emociones! Por ejemplo, el entender la manera en la que funcionan las emociones nos puede ayudar a lidiar mejor con ellas y permitirnos adoptar algunas medidas prácticas, de modo de controlarlas nosotros a ellas en lugar de permitir que ellas nos manipulen a nosotros.

Respirar profundo antes de expresar una emoción o tomar una decisión te puede ayudar a que la emoción cambie. Comer algo dulce al notar que estás de mal humor puede ser una medida simple que te permita regular tu estado de ánimo en algunas situaciones puntuales, para no herir a otras personas.

En algunas ocasiones, el mejor consejo para encausar las emociones de manera positiva es admitirlas y expresarlas. Decir: «ahora estoy muy enojado o triste para discutir este tema» puede ayudarte a encontrar la ocasión ideal para discutirlo, además de hacer que la otra persona entienda no solamente lo que sucedió sino cómo te sientes por lo que sucedió. Admitir que tienes miedo ante una nueva aventura puede conseguirte aliados que te ayuden a que la experiencia sea un éxito.

Recuerda: paz no es la ausencia de conflicto, sino la calma interior a pesar del conflicto, y a pesar de las emociones que el conflicto atrae.

Y ya que estamos hablando de las emociones, quiero hacerte una advertencia importante: Ten cuidado con esa mentira popular, que se canta en miles de canciones románticas, que dice que hagas

«lo que te dicte tu corazón». ¡La cárcel está llena de personas que hicieron «lo que sentía su corazón»! Y, definitivamente, haciéndolo no han encontrado ni la felicidad ni la paz.

> La cárcel está llena de personas que hicieron «lo que sentía su corazón»

Encausar las emociones se hace con ese musculo maravilloso que nos regaló Dios, llamado cerebro, el cual es cada vez más fuerte en la medida en que se llena de las verdades de Dios.

Siempre me enciende el corazón recordar el pasaje de Jeremías 29.11:

> *«Porque yo sé muy bien los planes que tengo para ustedes afirma el Señor, planes de bienestar y no de calamidad, a fin de darles un futuro y una esperanza».*

La paz viene de sujetar nuestras acciones, y también nuestras emociones, a Cristo. La paz se multiplica como torrente imparable en nuestras vidas cuando nuestros pensamientos están escondidos en las promesas de Dios.

CONSEJO
7

Reconcilia distancias

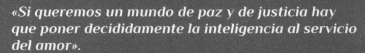

«Si queremos un mundo de paz y de justicia hay que poner decididamente la inteligencia al servicio del amor».

Antoine de Saint Exupery

«Dichosos los que trabajan por la paz, porque serán llamados hijos de Dios».

Mateo 5.9

Muchas personas se ganan problemas, y generan problemas entre otros, porque confunden el aceptar a otros con aprobar sus conductas o creencias. Es cierto, a veces la diferencia es delgada. Sin embargo es inteligente hacer la distinción.

Lo que Dios nos pide es que amemos al prójimo aceptándolo como es y de manera incondicional. Lo que *no* significa que tengamos que aprobar todo lo que dicen o todo lo que hacen. ¿No es exactamente eso lo que Dios hace con nosotros?

Jesús mismo fue un clarísimo ejemplo de alguien que hacía esta distinción. Él se juntó una y otra vez con gente de dudosa reputación. Lo vemos en los evangelios conversando con prostitutas y sentándose a la mesa con ladrones. ¿Por qué? Porque, aunque no aprobaba lo que hacían, él los amaba. Y porque esencialmente Jesús vino a practicar la paz.

Juan 3.16 *no dice: «Porque de tal manera odió Dios al pecado que envió a su Hijo unigénito para que todo aquel que en él cree no se pierda, sino tenga vida eterna».* ¡La motivación de Dios fue el amor! Sin duda Dios odió el pecado que había en nosotros, como cualquier padre que ama sus hijos y no quiere que se equivoquen y sufran. Aun ese odio por el pecado nace de su asombroso amor por nosotros.

Si prestas atención te darás cuenta que Jesús no nos llama a ser diferentes destacando lo buenos que somos nosotros y lo malos que son los demás. Lo que él nos enseñó con su ejemplo es a tomar la iniciativa para lograr que otros a nuestro alrededor puedan experimentar la verdadera paz.

Ya el profeta Isaías muchos años antes escribió acerca de Jesús diciendo: *«...y se le darán estos nombres: Consejero admirable, Dios Fuerte, Padre Eterno, Príncipe de Paz»* (Isaías 9.6).

Debo ser quien trae armonía en la confusión

Si el Príncipe de Paz vive en mí, entonces me es posible declarar la paz en la confusión, la paz en la ansiedad, la paz en la tragedia, la paz en los pleitos. Si él vive en mí, ¡no puedo ser yo quien produce el caos! Debo ser quien reconcilia y quien pone paños sobre las heridas. Debo ser quien trae armonía en la confusión, y no solamente en lo que me atañe a mí, sino siendo un agente de reconciliación entre los demás.

Déjame darte un ejemplo concreto. Cuando mis hijos pelean, tengo dos opciones: puedo regañarlos y simplemente indicarles que no quiero escuchar más sus peleas, o puedo ser una mediadora y enseñarles a dialogar y a ponerse de acuerdo. Cuando estoy ansiosa por algo, o apurada para cumplir un horario, ¡probablemente lo primero que me salga sea el grito! ¡Ups! Pero si quiero provocar en ellos una actitud de paz, debo enseñarles para que cuando se encuentren en conflictos estén preparados para enfrentarlos con madurez emocional y espiritual.

Los pacificadores son personas bellas. No solamente disfrutan la paz sino que tienen un compromiso activo con que otras personas puedan reconciliarse y encontrarla. Ya sea que esas personas tengan que reconciliarse con Dios, consigo mismas o unas con otras, los pacificadores son personas que continuamente y de manera intencional están edificando puentes donde antes solamente había abismos. ¿Hace tiempo que no te ocupas de acercar lo que estaba alejado? ¡Hazlo urgente! Estoy segura de que ese ejercicio te convertirá en una persona mucho más bella.

PACIENCIA

> «*Los valiosos descubrimientos que he podido hacer tienen más que ver con la paciencia que con cualquier otro talento que puedan pensar que tengo*».
>
> Isaac Newton
>
> «*Y no sólo esto, sino que también nos gloriamos en las tribulaciones, sabiendo que la tribulación produce paciencia*».
>
> Mateo 5.9

La palabra que traducimos como «paciencia» es, en el griego bíblico, *Makrothymia*. Se trata de la cualidad de soportar, persistir y perseverar. Para disfrutar de una vida plena, es indispensable aprender a soportar presiones y persistir hacia nuestras metas, aun en los momentos más complicados.

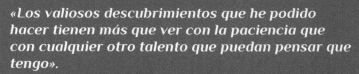 Para disfrutar de una vida plena, es indispensable aprender a soportar presiones

Si combinamos nuestras tendencias internas con las presiones de personas y situaciones externas, más las expectativas familiares y culturales, todo esto puede provocarnos a actuar sin razonar, solo por reacción. Por eso la paciencia es tan necesaria y apreciada.

Si buscas lo que quiere decir paciencia en Wikipedia encontrarás que su definición es sumamente interesante. Allí por ejemplo dice: «La paciencia es la actitud que lleva al ser humano a poder soportar contratiempos y dificultades para conseguir algún bien. Según la tradición filosófica, podría ser definida como: "la constancia valerosa que se opone al mal, y a pesar de lo que sufra el hombre no se deja dominar por él"».

Más adelante explica que Paciencia viene de la raíz latina *Pati,* que significa «sufrir», y que el derivado *Patien* significa «el que sufre», nombre dado, en un comienzo, a quienes estaban sufriendo alguna enfermedad y eran pacientes en un centro de cuidado de la salud.

Lo contrario a la paciencia es la ansiedad, la irritabilidad, el resentimiento, la pérdida del control y el enojo irracional. El que no es paciente responde impulsivamente, con furia, con desdén, o con irresponsabilidad, perdiendo todo el control sobre sus acciones. Dejarnos dominar por la falta de paciencia nos hace personas débiles y poco atractivas. La falta de paciencia abre un camino de destrucción o, en todo caso, de mediocridad, que nos impide llegar a cualquier meta que valga la pena.

Mira lo que dice Proverbios 14.29: *«El que es paciente muestra gran discernimiento; el que es agresivo muestra mucha insensatez».* Y mira también lo que dice Proverbios 16.32: *«Más vale ser paciente que valiente; más vale dominarse a sí mismo que conquistar ciudades».*

Las personas pacientes son bellas porque saben esperar el tiempo oportuno para cada acción. No se irritan con facilidad, ni se rinden con facilidad. Saben permanecer a pesar de las adversidades. La paciencia nos proporciona la belleza de ser capaces de sostener nuestras decisiones, convicciones, confianza y fe a pesar de cualquier desafío.

CONSEJO

8

Ordena tus prioridades

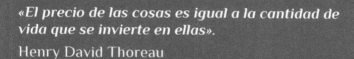

> «*El precio de las cosas es igual a la cantidad de vida que se invierte en ellas*».
> Henry David Thoreau
>
> «*Todo tiene su momento oportuno...*».
> Eclesiastés 3.1

A mi hija Sophia le encanta la cocina desde muy pequeña. Mientras otros niños miraban programas de niños, sus programas favoritos en la TV eran de competencias de cocina, o decoración de pasteles, y era muy fácil encontrarla mirando alguno de estos programas en una tablet o en mi teléfono, en algún momento libre o cuando estábamos en algún lugar donde nos tocaba esperar.

Para la época en que Sophia estaba terminado la escuela primaria, casi todos los fines de semana ella quería cocinar algún postre, o unos cupcakes (que son sus favoritos), lo cual siempre fue muy bien recibido por su hermanito y su papá. Sin embargo, pronto noté que teníamos frente a nosotros un gran desafío: a Sophia no le gustaba leer las instrucciones de ninguna de las recetas.

Yo lo entiendo, a muy poca gente le gusta seguir las instrucciones (sobre todo a los hombres, no sé si por algún misterio de la naturaleza, por la cultura, o por el humor de Dios). Pero en el caso de Sophia esto era preocupante, porque aunque es cierto que cocinar es una oportunidad de desarrollar la creatividad, te podrás imaginar que no seguir las instrucciones de una receta provocó que en más de una ocasión su gran postre no se pudiera comer.

Yo también he cometido el error de Sophia con las recetas. Y creo que todos lo hemos cometido en algún sentido alguna vez. Muchas veces queremos llegar a nuestras metas y lograr algo bello, pero no queremos tomarnos el trabajo de seguir las instrucciones, usar los tiempos correctos y ejercitar la paciencia hasta ver los resultados extraordinarios que esperamos.

Esto es precisamente lo que sucede con las prioridades y los tiempos. Cuando las prioridades no están en orden, es casi imposible llegar a la meta con éxito. Y no hay libro de liderazgo que no hable de las prioridades, porque no se puede ser efectivo si no se priorizan los esfuerzos.

Esta es una de las cosas que más me ha costado a través de los años. ¡Es tan fácil distraerse! Mi deseo es llevar a cabo todas mis actividades del día de la manera más efectiva posible, pero más de una vez me encuentro haciendo cosas extras que no me corresponden, o que en realidad no son importantes, por no haber establecido un orden de prioridades antes de siquiera tomar el primer café.

Nadie planea fracasar, pero muchos fracasan por no planear

Mi esposo siempre les recuerda a los líderes que equipa que «nadie planea fracasar, pero muchos fracasan por no planear» y es totalmente cierto. Si aprendiéramos a hacer lo más importante primero, dejando para luego las distracciones, y no al revés, todos seríamos más productivos y, entonces, más felices.

Tal vez planear y cumplir lo planeado no sea «tu fuerte», porque así te criaron, o porque a lo mejor eres de esas personas a las que les sale más fácil hablar con otros y hacer sociales que perseguir metas. Te comprendo. Pero recuerda que este libro trata sobre cómo vivir vidas más atractivas y plenas, y la verdad es que resulta prácticamente imposible vivir vidas plenas si somos de aquellos que improvisan constantemente o que siempre dejan las cosas para después.

Algo que he aprendido es a hacerme a mí misma preguntas que me ayuden a distribuir mejor mi tiempo. ¿Qué es lo más importante para mí? ¿Cuánto tiempo debo dedicarle a cada cosa? Si, por ejemplo, pasar tiempo con Dios es muy importante para mí, entonces no puedo solo dedicarle cinco minutos por día. Si considero que es vital pasar tiempo a solas con mi esposo y con cada uno de mis hijos, entonces debo asignar un tiempo cada semana para poder hacerlo. Si quiero desarrollar el hábito de la lectura, o el estudio, o si simplemente quiero tener la casa ordenada, debo saber el tiempo que necesito para cada cosa y tenerlo planificado. Los planes, las tácticas, y el decirle «no» a las distracciones pueden parecer decisiones poco populares en el corto plazo, pero a largo plazo nos liberan para disfrutar de una vida más más feliz.

Ahora déjame advertirte algo que pronto descubrirás por ti mismo: En la mayor parte de las ocasiones los principales «obstáculos» para que seas una persona con las prioridades en orden, y para que uses bien tú tiempo, serán tus seres más queridos. La familia, los amigos y los que nos rodean, pueden haberse acostumbrado a que digamos que sí siempre que nos necesitan, y no se dan cuenta que nos están perjudicando. En mi caso amo a mis hijos con locura pero soy consciente de que si nos les enseño a tener un programa, el día puede ser un gran desorden para mí y no producir nada tampoco para ellos. Tus amigos quieren visitarte justo en el horario que decidiste separar para un tiempo familiar íntimo. Tu mamá necesita ayuda inmediata justo en el tiempo que decidiste que ocuparías para meditar y estudiar la Palabra ¡Todo el mundo a tu alrededor parece demandar constantemente tu atención y tu ayuda!

Esto se aplica a personas de todas las edades. Desde muy joven tendrás que tomar este tipo de decisiones. Tu novio quiere que vayas con él a ver una película (probablemente de sangre y acción) cuando debes estudiar para ese examen en la universidad. Tu amiga quiere que la acompañes a comprarse ropa cuando tienes que terminar el trabajo practico de esa clase que no te gusta. Tu papá te invita a salir a correr con él en el momento de la mañana que habías dispuesto para leer tu Biblia y orar.

Yo trabajo en mi casa. Ayudo a Lucas con su agenda y compromisos, y tengo separadas ciertas horas del día para trabajar en eso (¡o al menos lo intento!). El resto del tiempo tengo que ocuparme de mis hijos y de la casa.

Lo que suele suceder es que ni las cosas de la casa respetan mis horarios de trabajo, ni los interesados en invitar a Lucas respetan los horarios de las cosas de la casa. Todos requieren atención, y atención inmediata y lograr mantener las prioridades en orden no es un juego simple a menos que arme un programa diario y semanal. Es una tarea difícil, pero vale la pena. Recuerda: tu tiempo es importante, y nadie debería decirte cómo usarlo. Si lo pierdes, tú lo pierdes, y lo peor del tiempo es que nunca vuelve y no se puede recuperar.

¿Qué hacer entonces? Proverbios 20.18 nos dice: «...entabla el combate con buena estrategia». ¿Cuál es nuestro mejor aliado en esto? La paciencia. Con inteligencia, primero, se logra poner en orden las prioridades. Y luego con paciencia y firmeza se logra mantenerlas. Lo importante, lo urgente, lo no tan urgente, lo no importante y todas sus variantes... cada cosa debe tener su momento. Sin distracciones ni miedo al error, necesitamos detenernos y pensar: ¿Cuáles son mis actividades diarias? ¿Por qué? ¿Por qué en ese horario? ¿Me funcionó eso en el pasado? ¿Qué debo ajustar? ¿Qué cosas me hacen perder tiempo? ¿Cómo cambio mis hábitos? ¿Cómo me protejo de las distracciones?

Recuerdo cuando me encontré con unos amigos a los que no veía hacía mucho. Ahora tenían una hijita de 2 años. Él estaba haciendo mucho dinero con un trabajo por las noches, pero claro, sus horarios iban al revés que los del resto de sus amigos y familiares. Sin embargo ellos se esforzaban por seguir el ritmo de sus amigos, que tenían horarios diferentes. Estaban preocupados y agotados por seguir un ritmo de vida que nada tenía que ver con su realidad.

Y pretendían que su hijita llevara el mismo ritmo de vida que los hijos de sus amigos. La misma hora de dormir, la misma hora de jugar, la misma hora de comer... Pero de este modo el papá nunca era parte de su vida, porque cuando llegaba de trabajar, listo para dormir, su esposa y la niña estaban recién levantándose. Además, los fines de semana salían con sus amigos hasta que a él le tocaba irse a trabajar, con lo cual sumaban más cansancio.

¡No había manera de que les vaya bien! Muy probablemente cuando él hiciera carrera en su trabajo podría cambiar de horario, pero ¿y mientras qué? La hijita comenzaba a dar sus primeros pasos en la vida, y lo más importante para ella era estar con su papá. Su esposa necesitaba con ansias pasar tiempo con él. ¿Por qué razón vivían juntos, pero separados por los horarios? Simplemente por no sentarse a replantear las prioridades.

Las prioridades son las que hacen a mi persona y a mi familia crecer. Las que nos hacen mejores y desarrollan nuestros potenciales. Si los de afuera piensan que nuestras prioridades no son correctas, ¡es un problema de ellos!

Cada uno de nosotros tenemos que planear, fijar nuestras metas y los pasos que se necesitan para alcanzarlas, y no permitir que nos muevan del plan, soportando las presiones de los demás y ejercitando la paciencia necesaria para poder alcanzar lo que deseamos alcanzar.

Nuestras prioridades deben ser publicas, y lo más específicas posibles. No solo deben estar colgadas en nuestro corazón, sino a la vista de quien venga a nuestro lugar privado, ya sea tu casa o tu habitación si todavía vives con tus padres. Es importante verlas cada día en la forma de fotos, cuadros, agendas y calendarios que den testimonio de qué es lo más importante para nosotros.

Hace un par de años, para uno de nuestros aniversarios de bodas, Lucas me llevó un fin de semana a Nueva York. Fue mi primera visita a esa espectacular ciudad. En un momento él sacó papeles con diferentes encabezados: Laboral, Espiritual, Familiar, Social, Económico y Personal. Cada papel estaba dividido en dos partes.

De un lado decía «sueños», y del otro lado decía «metas». Y cada uno de nosotros dos tenía un juego de estos 6 papeles. Entonces Lucas me pidió que completara mis hojas con todas las cosas que se me ocurrieran. Del lado de los sueños debíamos colocar nuestros anhelos, como: «Ser la mejor esposa del mundo», «Pagar todas nuestras deudas», «Leer la Biblia completa», etc. Para la parte de las metas necesitaríamos más tiempo porque ahí teníamos que escribir los pasos específicos que nos llevarían a ese sueño. Por ejemplo: «Ahorrar tantos dólares por mes para hacer el viaje de nuestros sueños», o «Buscar un plan de lecturas diarias», etc. **Cuanto más específicos, mejor.**

Al terminar de escribir lo compartimos el uno con el otro, nos corregimos algunas cosas, nos ayudamos a buscar metas más útiles, y luego las interrelacionamos para que juntos pudiéramos alcanzar los sueños que nos habíamos propuesto. No logramos hacer todo lo que nos planteamos, pero desde ese día, cada año realizo la misma tarea, y siempre que puedo lo comparto con otros porque es una herramienta que ayuda a establecer prioridades, a enfocarse y a avanzar.

El Señor nos dio su Espíritu Santo para ayudarnos a movernos en la dirección que él quiere vayamos. Planear en oración es ser inteligentemente espirituales. Al planear, el Espíritu Santo nos guiará a trabajar en aquellas cosas que necesitamos ajustar, y nos mostrará los deseos del corazón de Dios para nuestra vida en ese año, y para cada mes. Con inteligencia y paciencia es que lograremos corregir los errores del pasado y el tiempo que perdimos por no tener en orden las prioridades de nuestra vida. El Espíritu Santo nos enseñará a tener una vida con mayor propósito, más satisfacción, más entusiasmo y más aventura.

Cuando leemos en Juan 10.10 que Jesús dice: *«yo he venido para que tengan vida, y la tengan en abundancia»*, se refiere a una vida bien aprovechada. A una vida llena de fruto espiritual, de belleza interior que no pierde un minuto sin sentido, sino que vive al máximo sus posibilidades, y que desborda bendiciones por donde va.

CONSEJO

9

Desarrolla convicciones firmes

> *«Las verdaderas convicciones nacen de las dudas».*
> Lucas Leys
>
> *«Aunque estoy físicamente ausente, los acompaño en espíritu, y me alegro al ver su buen orden y la firmeza de su fe en Cristo. Por eso, de la manera que recibieron a Cristo Jesús como Señor, vivan ahora en él, arraigados y edificados en él, confirmados en la fe como se les enseñó, y llenos de gratitud».*
> Colosenses 2.5-7

Cuando tenemos claro que lo que esperamos es bueno, resulta más fácil esperarlo. Y qué decir de cuando esperamos a alguien extremadamente bueno. Sin dudas que vale la pena la espera, porque después de todo confiamos en que si es alguien extremadamente bueno, lo mejor es esperar.

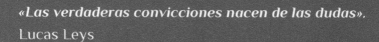 La falta de paciencia suele ser un disfraz de la falta de confianzar

Yo estoy convencida de que la falta de paciencia suele ser un disfraz de la falta de confianza. Falta de confianza en el otro, o en nosotros, o en el resultado final. Y la falta de confianza, al fin y al cabo, no es otra cosa que falta de fe.

¿Por qué pecamos? Sin jugar a ser teólogos, yo he aprendido que cuando pecamos suele ser porque no conocemos o porque no confiamos en la voluntad de Dios. Creemos que cuando Dios nos dice que algo es malo es porque está jugando con nosotros, o porque él es demasiado viejo como para saber que eso ahora ya no es malo. En otras palabras, el pecado nace de la falta de confianza o, en todo caso, de la falta de conocimiento. Y de allí también nace la impaciencia. Dios dice, por ejemplo, que las relaciones sexuales son reservadas para el matrimonio. Y claro, en el mundo de hoy, con tanta sobreestimulación sexual, cuesta aguantarse. Sobre todo si una está enamorada y él parece ser un chico tan espiritual... ¿Qué me puede detener? ¡Conocer el por qué Dios reservó la expresión libre de la sexualidad para el matrimonio!

Este es solo un ejemplo que se aplica a muchas otras realidades. Resulta mucho más fácil ejercitar la paciencia cuando sabemos bien por qué nos toca ejercitarla y cuál es la recompensa por hacerlo.

Es por esta razón que las convicciones firmes tienen tanto que ver con la paciencia. Debemos saber por qué hacemos lo que hacemos, o por qué no hacemos lo que no hacemos. Si nuestras razones son débiles, también lo será nuestra paciencia, y por eso es tan importante dudar. Sí, leíste bien. Dudar es necesario para desarrollar convicciones firmes. Lo que creemos lo creemos porque alguna vez nos preguntamos si lo creíamos. De otro modo, seremos probados cuando venga una crisis y ahí, a partir de las dudas que genere las crisis, tendremos la posibilidad de fortalecer nuestras convicciones, o bien de negar lo que antes creíamos.

Si no dudamos, si no investigamos, si no nos preguntamos en qué se basa nuestra fe, entonces seremos tan volubles como hojas al viento y como olas en el mar.

No te sientas culpable cuando tengas dudas. Las dudas no son malas. Las dudas nos hacen pensar y buscar al Señor con más anhelo. Nos llevan a repasar sus promesas y a buscar afirmaciones que levanten nuestro espíritu.

Mi hijito Max tenía 7 años de edad cuando un domingo, terminando de prepararnos para ir a la reunión dominical, se sentó en la escalera poniendo una mano en su frente y sacudiéndola negativamente. Hizo una pausa y me preguntó: «¿Y qué si después de todo este esfuerzo Dios no existe?» ¡Con solo 7 años de edad Max ya estaba dudando y afirmando su fe! Yo podría haberlo regañado, diciéndole que cómo se le ocurría pensar que Dios no existía, sin embargo era mejor aprovechar el momento y crear convicciones firmes. Pero... ¿cómo le hacía entender a un niño de 7 años la existencia de Dios?

Recordé que Jesús mismo fue el que dijo que necesitábamos ser como niños para entrar en su reino (Lucas 18.17), y me di cuenta que esa era una gran oportunidad para que Max se hiciera algunas preguntas importantes. Entonces lo miré con amor y le pregunté: ¿Y quién crees que creó el sol? ¿Y los animales del océano, y los pájaros del cielo? ¿Quién hizo que pudiéramos amar y que sepamos proteger a los nuestros? Hubo otro silencio, y dijo: «Alguien más, otro que es más grande y poderoso que nosotros». Entonces le contesté: «Bueno, ese alguien, aunque quieras llamarlo diferente, siempre es Dios. Ya vas a ir aprendiendo muchas cosas en la escuela acerca de cómo funciona la naturaleza, pero siempre existirá el misterio de cómo puede ser todo tan maravilloso y complejo si no hubo alguien que lo diseñó...»

No hubo nada más que decir, tan solo ayudarlo a pensar... Nunca volvió a hacerme esa pregunta, y no sé si más adelante volverá a dudarlo con una mente más compleja. Pero en ese momento su ser se llenó de fe. Luego me cuestionó los formatos de la iglesia, en cuanto a la manera de enseñar... para lo cual tuve menos argumentación. Pero ese es otro tema.

Las pruebas, las tentaciones y las dudas no son algo nuevo, ni te pasan solo a ti. Presta atención a lo que dice en Santiago 1.2-4 (y ten en cuenta que aquí «constancia» equivale a «paciencia»): *«Hermanos míos, considérense muy dichosos cuando tengan que enfrentarse con diversas pruebas, pues ya saben que la prueba de su fe produce constancia. Y la constancia debe llevar a feliz término la obra, para que sean perfectos e íntegros, sin que les falte nada».*

¿Considerarnos dichosos? ¿En las pruebas? ¿De qué hablas, Santiago? ¿Quién puede estar feliz cuando pasa por problemas?

Lo cierto es que cuando pasamos por pruebas creamos en nuestro interior paciencia, resistencia, aprendemos a aferrarnos a las promesas del Señor y buscamos su guía. Conocemos un nuevo aspecto, más real, de nuestra fe, y entonces aprendemos a esperar y a confiar en Dios. Cada prueba que pasamos es como alcanzar un nuevo nivel en un video juego: puede ser que el próximo nivel sea más complicado, pero nadie va a quitarnos las habilidades que aprendimos al pasar el nivel anterior.

¿Cómo podríamos crecer sin tener pruebas? ¿Cómo podríamos saber que aprendimos si no hay examen?

Las personas bellas no son arrogantes con sus creencias, pero tienen convicciones firmes que les dan seguridad en los tiempos de difíciles.

CONSEJO

10

Persevera frente a todo

> *«La diferencia entre una persona de éxito y otra que no lo tiene, no es la falta de conocimientos, sino la falta de voluntad».*
>
> Vincent Lombardi
>
> *«Que el Señor los lleve a amar como Dios ama, y a perseverar como Cristo perseveró».*
>
> 2 Tesalonicenses 3.5

Nadie admira a una persona perezosa. Consideramos a las personas que no ponen esfuerzo en lo que hacen como débiles, desapasionadas, irresponsables, y hasta tontas. Y, aunque suene fuerte, ¡tenemos razón! Pocas cosas son más tontas que tener una oportunidad y no aprovecharla. Quien se rinde con facilidad nunca llegará demasiado lejos, y por eso una de las características de las personas llenas de belleza interior es que perseveran. No se rinden. Siguen a sus metas aunque sea difícil, e incluso aunque fracasen.

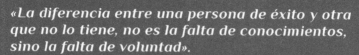 Peor que muchos fracasos son pocos intentos

Lucas suele decir que peor que muchos fracasos son pocos intentos, y yo estoy de acuerdo. Aun las pruebas que pone el Señor, y hasta las tentaciones que nos presenta el diablo, deben ser aprovechadas para fortalecer nuestro interior.

En cuanto a las tentaciones, quiero aclarar aquí algo que a veces se enseña de manera un tanto confusa. No es Dios el que tienta. La Biblia enseña que cada uno de nosotros somos tentados por nuestros propios malos deseos. El Apóstol Santiago nos dejó una carta diciendo: *«Dichoso el que resiste la tentación porque, al salir aprobado, recibirá la corona de la vida que Dios ha prometido a quienes lo aman. Que nadie, al ser tentado, diga: "Es Dios quien me tienta." Porque Dios no puede ser tentado por el mal, ni tampoco tienta él a nadie. Todo lo contrario, cada uno es tentado cuando sus propios malos deseos lo arrastran y seducen».* (Santiago 1.12-14)

Cuando un padre ve que su hijo está a punto de hacer algo que lo va a dañar, se lo quita o le advierte, dependiendo la edad del niño. Recuerdo una vez que Sophia me observaba planchar unas camisas. Con su pequeño dedito apuntó directo al metal caliente de la plancha, y yo rápidamente corrí la plancha y le expliqué el gran daño que le haría tocarla. Para explicárselo mejor, acerqué su mano un poco a la plancha, para que sintiera el calor y pudiera así comprender que se quemaría si la tocaba. Así y todo, luego de un rato volvió a acercar su dedo a la plancha, pero esta vez no la vi y entonces no pude evitar que se quemara.

Luego de esa experiencia Sophia definitivamente aprendió su lección con las planchas calientes. Y de alguna manera Dios hace lo mismo con nosotros. Nos advierte, nos enseña y nos protege... Aunque claro, seguimos teniendo libre albedrío, y si queremos tocar la plancha igual, lo haremos, y sufriremos las consecuencias.

Por eso el apóstol Santiago dice «Dichoso», bienaventurado, ¡triplemente feliz! el que soporta la tentación y la prueba, porque saliendo aprobado recibirá su corona de la vida.

Soportar con paciencia no es fácil. A veces es difícil vencer la tentación, y otras es difícil continuar a pesar de las pruebas y los fracasos. Sin embargo, justamente en la dificultad de la tarea es que radica la importancia del premio. Lo fácil no cuesta nada. Lo que cuesta siempre es lo más valioso. Cuando todos reciben una medalla sin hacer ningún esfuerzo, la medalla no vale de nada.

Cuando la medalla solo la recibe quien perseveró, esa medalla entonces es la que todos anhelan tener.

Si perseveramos vemos sueños y promesas de Dios cumplidas. En 2 Pedro 3.9 se nos recuerda: «*El Señor no tarda en cumplir su promesa, según entienden algunos la tardanza. Más bien, él tiene paciencia con ustedes, porque no quiere que nadie perezca sino que todos se arrepientan*».

Desanimarse es normal, pero por favor nunca te rindas en hacer lo que *sabes* que debes hacer. Prosigue, incluso cuando cometas errores. Eclesiastés 10.4 dice: «*...La paciencia es el remedio para los grandes errores*».

Quizás conozcas la historia de Abram y Saray. Luego de 10 años de que Dios le diera la promesa a Saray de tener un bebé, ella se cansó de esperar y le entregó su esclava a Abram para que tuviera un hijo con ella. Ya sabemos cómo sigue la historia y todos los problemas que surgieron de esa falta de paciencia. Fue un acto totalmente insensato de parte de Saray el pretender «ayudar a Dios», desconfiando de Su promesa y Su poder. Y lo mismo puede decirse de Abram, por aceptar la propuesta de su mujer. Probablemente todavía estemos pagando estos errores...

El plan de Dios siempre es el mejor, lo cual no quiere decir que sea el más fácil. Debemos progresar, pasito a pasito. Él es el diseñador de todas las obras de arte del universo, de las maravillas y de los milagros. ¿Por qué, entonces, dudar y detenernos? ¿Cómo creer que algo se le escapa a Dios?

Él nos conoce más de lo que nosotros nos conocemos a nosotros mismos, porque él nos creó. Recuerda que Salmos 139.13 dice: «*Tú creaste mis entrañas; me formaste en el vientre de mi madre*». Dios nos crea, nos forma, nos da aliento de vida, nos guía, nos salva... y sin embargo muchas veces seguimos dudando de él.

Las personas que son bellas en su interior son personas que, confiando en Dios, logran lo que otros consideran difícil, complicado o hasta imposible.

AMABILIDAD
(benignidad)

> *«La distancia más corta entre dos personas es una sonrisa».*
> Victor Hugo
>
> *«Panal de miel son las palabras amables: endulzan la vida y dan salud al cuerpo».*
> Proverbios 16.24

La palabra amabilidad en el griego original es *Chrestotes,* y se refiere a una persona compasiva, hospitalaria y que confía en los demás. Hoy las principales empresas destacan la importancia del servicio al cliente y todos apreciamos cuando somos atendidos por una persona con amabilidad que lleva a otros la milla extra, con buenos modales y cortesía.

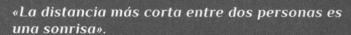 Una persona con amabilidad lleva a otros la milla extra

Hay una publicidad de una compañía de seguros asiática dando vueltas por ahí, que me hace llorar cada vez que la veo. (Sí, soy mujer.) El comercial muestra a un hombre asiático, joven, que va caminando por la calle cuando de pronto le cae un chorro de agua en la cabeza. Obviamente, alguien descuidado dejó caer el agua a la calle. Entonces este hombre coloca una maceta con una planta medio seca debajo del chorro de agua, y sigue su camino. Ve una señora que trata de subir a la acera un carro de venta ambulante de comida que está muy pesado, y corre para ayudarla. Más adelante le comparte de su comida a un perro callejero que lo mira con cara de súplica. Luego le da casi todo el dinero que tiene a una niña con su madre, las cuales se ven pobres y sucias, y llevan un cartel que dice «para educación». Luego le deja unas bananas colgadas del picaporte a una anciana en su edificio, y finalmente come arroz porque es todo lo que tiene... Mientras la misma situación se repite para este muchacho todos los días, una voz en off dice: *«¿Qué gana esta persona con cada uno de sus actos de amabilidad por estos desconocidos?»*. El comercial termina mostrando un día más en la vida de este muchacho, pero esta vez pasando por un hermoso árbol florecido, y por una señora que está vendiendo comida y reglando de más. Ahora la niña que pedía dinero llega vestida con uniforme de escuela hasta donde está su mamá, y el perro es su mascota. Entonces la voz en off termina diciendo: *«Gana emociones, gana amor, respeto, gana amigos, gana sonrisas, gana abrazos, gana familia y todo lo que el dinero no puede comprar»*.

La amabilidad desencadena más amabilidad

La amabilidad desencadena más amabilidad, así como la agresividad provoca más enojo. En Proverbios 15.1 leemos: «La respuesta amable calma el enojo, pero la agresiva echa leña al fuego».

Cuando somos amables, las personas que nos rodean se sienten tranquilas, y comunicamos seguridad y credibilidad. La amabilidad inspira, provoca felicidad y placer, da confianza a los demás... y estas características siempre irradian belleza.

CONSEJO
11

Desarrolla una actitud
de servicio

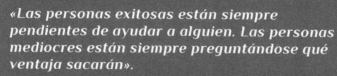

«*Las personas exitosas están siempre pendientes de ayudar a alguien. Las personas mediocres están siempre preguntándose qué ventaja sacarán*».

Brian Tracy

«*El que es bondadoso se beneficia a sí mismo; el que es cruel, a sí mismo se perjudica*».

Proverbios 11.17

Cuando buscamos desinteresadamente el bien de los demás, cuando lo hacemos de manera auténtica, sin sobreactuar la gentileza, nuestro corazón se conecta al corazón de los demás, y al servirlos nos llenamos de satisfacción.

La amabilidad es una virtud que se desarrolla con la práctica. Nuestro primer impulso, el impulso «humano», es ser todo lo contrario de amables. Esto es así especialmente para aquellos con mucho carácter, o quienes aprendieron a salir adelante con rudeza. Pero recuerda: no hay nada que conquiste el corazón de otras personas como un acto sacrificial y desinteresado.

Es precisamente por eso que no podemos negarnos a la cruz de Jesús, porque su acto perfecto de tomar nuestro lugar nos conmueve, nos rompe en mil pedazos y nos enamora. ¿Cómo no ser amables después de haber conocido semejante sacrificio? Pero la memoria nos falla más de una vez, y no dudamos en impacientarnos con quién se equivocó, en gritarle de mal modo a quien se estaba adelantando en la fila, o en ser híper exigentes con la sobrecargada camarera que nos atiende en el restaurante. En casa no dudamos en responder con ironías, y hasta les hablamos con rudeza a nuestros seres queridos más cuando nos parece que no nos entienden o no están dispuestos a ser manipulados por nuestro estado de ánimo.

Servir a nuestro hermano va muchísimo más allá que solamente cumplir un rol dentro de un templo cristiano. A veces nos referimos a «los servidores» porque cumplen alguna función dentro de las cuatro paredes de ese lugar donde nos reunimos al que llamamos «iglesia». Sin embargo el verdadero servicio es fuera de esas paredes, es hacia quienes no conocen el amor de Cristo y quienes nunca recibirán una actitud amable si no se la damos nosotros.

La falta de amabilidad que vemos en las personas a nuestro alrededor se debe en gran medida a la falta de servicio del cuerpo de Cristo en acción en las calles. Digo esto porque sencillamente no podemos pedirle a alguien que no conoce lo que es el verdadero amor, el servicio, el sacrificio, la gracia, que pueda comportarse con esa altura. ¡Pero a quienes conocimos todas esas cosas, nos debería brotar por los poros!

Si actuáramos con un corazón de servicio cada día, y no solo dentro de la iglesia, muchos más conocerían quién es Jesús. Si sirviéramos a nuestros vecinos como muchos sirven a sus pastores, seguramente todo el barrio estaría siguiendo al Señor.

Al visitar algunas ciudades yo me quedo helada por el nivel de irritabilidad de las personas en la calle. Hay horarios, lugares y escenas donde el maltrato es realmente extremo. Los insultos de un auto al otro, las noticias de personas que se matan por contiendas ilógicas, los robos, la agresión en las canchas de fútbol, las conversaciones en los restaurantes, y aun la agresividad en las redes sociales, son todas realidades que no nos deben contagiar.

Las personas llenas de belleza interior son esas que justamente bañan todas esas malas actitudes con un compromiso al servicio.

Los cristianos no podemos responsabilizar a los gobiernos o a los medios si nosotros somos agresivos con otras personas. Lo que deberíamos hacer es limar nuestro egoísmo natural practicando el servicio a los demás.

Cuando los esposos y esposas se tratan con amabilidad unos a otros, la familia entera es feliz. Cuando los líderes cristianos somos amables con quienes sirven, los estimulamos a servir aun más y mejor. Cuando somos amables con nuestros compañeros de escuela, universidad o empleo, los animamos a ser mejores en lo que hacen y también en cómo nos tratan.

❦ Debemos servir, y no solo tener la intención de hacerlo

Debemos servir, y no solo tener la intención de hacerlo. Debemos buscar oportunidades para servir a los más desdichados, porque eso nos sensibiliza el corazón y nos enseña agradecimiento. Tenemos que servir a los que se esfuerzan, porque eso les aligera la carga. Tenemos que servir a quien no se lo merece, porque eso le enseña gracia y misericordia.

A veces el lugar más difícil para ser amables puede ser nuestra propia casa. ¿Te preguntaste por qué? Probablemente sea porque ya sabemos que esas personas nos aman, y entonces creemos que eso nos da permiso para no servirlas y no ser amables con ellas. Incluso muy frecuentemente descargamos sobre nuestra familia la tensión que hemos acumulado durante el día. Pero es una descarga injusta, que nos hace mal a todos. Creemos que en casa todos nos tienen que soportar porque son familia. Y por eso el hogar es justamente un gran lugar para comenzar a servir.

Un restaurante sin buena atención puede tener la mejor comida, pero más temprano que tarde, estará vacío. Cuando quien nos atiende demuestra desinterés y falta de cuidado, no vamos a querer regresar...

En la ciudad donde vivimos, Lucas lleva sus camisas a lavar y planchar muy cerca de casa (tanto él como yo hemos intentado lo de planchar en casa pero ya luego de años decidimos que eso sí era algo con lo que necesitábamos ayuda) y la lavandería a la que lleva las camisas trabaja increíblemente bien, sobre todo porque se han tomado el trabajo de aprenderse los nombres de sus clientes y de saludarlos con una sonrisa al entrar y salir. Entras y te sientes automáticamente bienvenido. Y no es que haya una persona atendiendo que sea naturalmente simpática o que todos los días tenga un buen día. *Todos* los empleados que trabajan ahí hacen lo mismo, así que obviamente es una política del negocio, la cual todos han aprendido a seguir muy bien. ¡Y funciona! La verdad, no sé si habrá un lugar más económico, porque siempre ha sido tan bueno el trato y el servicio ¡que ni se nos ha ocurrido probar en otro lado!

Eso es lo que logra la amabilidad. Las personas amables, cálidas, atentas a la necesidad de los demás y con atención al detalle, son bellas. ¡Y ninguno de nosotros tiene excusas válidas como para justificarnos por no poder incorporar este compromiso a nuestras vidas!

No hay mayor vacío en el alma de un ser humano que el no ser nadie para nadie. Que nadie lo extrañe, que nadie lo quiera, no saber quién es o para qué o para quién está en este mundo. Por eso cada uno de nosotros deberíamos asegurarnos de que no haya nadie cerquita nuestro sintiéndose así.

Desarrolla una actitud de servicio. Involúcrate en algún trabajo comunitario. Trabaja en el voluntariado en algún hospital o centro de rehabilitación. Lleva comida a los desamparados. Ayuda en algún hogar de niños o ancianos. Y, además, sirve en la iglesia, pero no para tener un micrófono en la mano o para conseguir un aplauso. Sirve de corazón.

Conquista sonriendo

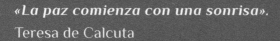

«La paz comienza con una sonrisa».
Teresa de Calcuta

«¡Sonríele a la vida, Israel! ¿Quién como tú, pueblo rescatado por el Señor?».
Deuteronomio 33.29

Quizás ya hayas escuchado hablar de las llamadas «neuronas espejo». Estas son las que reaccionan a un estímulo que tu cerebro activa cuando ves algo o a alguien y repites su comportamiento. Un ejemplo es cuando alguien bosteza a nuestro lado y esto genera en nosotros las ganas de bostezar. O pasa cuando ves a alguien bailar y comienzas a moverte un poco, ya que tu cerebro activa las mismas neuronas. Por esta misma razón es que la sonrisa genera empatía. Porque las otras personas calibran su emoción con la de quien generó el estímulo. Y es por eso que todos quieren estar con quien los hace sonreír.

Ser amables y serviciales demuestra seguridad en nosotros mismos, y una buena sonrisa sirve de confirmación de que estamos para levantar y no para degradar al otro. De que buscamos el bien de los que nos rodean.

El caso opuesto son esas personas que actúan como si tuvieran que pelear por todo para que nadie «los pase por encima», y además creen que deben reclamar todo lo que es suyo y asegurarse de que nadie vaya a sacar ventaja de ellos. ¡Estas personas nunca pueden disfrutar con los demás!

No creo que nadie se haya enamorado jamás de alguien que sea egoísta, gruñón y pendenciero. O, al menos, no se enamoró de esas características... a lo sumo las descubrió después.

Las características que enamoran son aquellas de las que estamos hablando en este libro. Son los frutos de un ser interior brillante. Y la sonrisa es un poderoso dispositivo que Dios diseñó para que ese ser interior muestre su luz.

Las personas bellas sonríen y mucho

Las personas bellas sonríen y mucho. Por eso quiero proponerte que decidas intencionalmente hacer de tu sonrisa una herramienta.

A partir de hoy, sonríe a propósito. Con ganas y énfasis.

Sonríe a tu FAMILIA.
Sonríe a tus AMIGOS.
Sonríe a los TRISTES.
Sonríe a los TÍMIDOS.
Sonríe a los NIÑOS.
Sonríe a los ANCIANOS.
Sonríe a tus TRISTEZAS.
Sonríe a JESÚS.
Sonríe por ÉL.

Y hazlo sin pudor.

Deja que todos se alegren con la simpatía y la belleza de tu cara sonriente. Cuenta, si puedes, el número de sonrisas que has distribuido entre los demás cada día. Ese número te indicará cuántas veces multiplicaste alegría, satisfacción, ánimo o confianza en el corazón de los demás. Estas sensaciones suelen ser el principio de actos generosos, y al desatarlas estarás contribuyendo a un cambio positivo en el día de muchas personas que ni te imaginas.

La influencia de nuestra sonrisa puede hacer milagros de los que nunca nos enteraremos, pero de los que tendremos la satisfacción de ser cómplices.

Tu sonrisa puede ser el camino para transformar dudas en fe

Tu sonrisa puede llevar esperanza y abrir horizontes a los agobiados, a los deprimidos, a los descorazonados, a los oprimidos y a los desesperados. Tu sonrisa puede ser el camino para transformar dudas en fe. Tu sonrisa puede ser el primer paso que lleve al pecador hacia Dios.

También sonríele a Dios. Sonríe a Dios mientras aceptas con amor todo lo que Él te manda, y podrás ver la radiante sonrisa de Cristo posada sobre ti.

A nadie le gusta vivir con una persona quejosa que no sabe más que destacar lo malo de cada cosa, que no recuerda más que las traiciones, las injusticias y fracasos de la vida. Pero qué alegría ver a los ancianos que transmiten vida, que cuentan bendiciones que pueden inspirar a otros, y que tienen la sabiduría necesaria para levantar a quienes están a su alrededor.

Aunque conviví poco tiempo con mi suegra, tengo hermosos recuerdos de ella. Su nombre era Carmen, y al visitarla y acompañarla a hacer algunas cosas conocí mucho de ella, porque vi su amor en acción. Siempre supe que era una gran mujer, de armas tomar, y aunque era de muy baja estatura tenía una gran actitud. No había lugar al que fuéramos en el que ella no dejara un chocolate, ya sea a la cajera, o la mesera, o a quien fuera que la atendía. ¡Su cartera estaba siempre llena de bombones de chocolate y golosinas para regalar! Obviamente cuando volvía al lugar la atendían con mucho placer, pero ella no lo hacía buscando la recompensa. Tampoco existía persona que se fuera de su casa sin algo en el bolsillo. ¡Ella estaba siempre lista para bendecir a quien fuera que se le acercara! Estaba en el detalle de hacer sentir a la otra persona importante, y lo lograba siempre confirmando cada una de sus palabras o sus regalitos con una gran sonrisa. Todo un ejemplo.

Darnos a los demás no significa ser débiles, sino ser fuertes en nuestro interior. No importa qué tan lindos o feos seamos, nada conquista más que una sonrisa en el momento menos esperado.

Cuando uno es adolescente confunde fácilmente sus emociones. Si miro para atrás y recuerdo mis enamoramientos de adolescente, en algunos casos me pregunto «¿Por qué?». Lo más seguro es que fue por un momento o unos momentos agradables con una persona que parecía mostrarse interesada en mí, o al menos eso sentía yo... También, cuando era niña, parece que era muy indiferente con las personas, porque recuerdo que siempre me repetían que no importaba lo linda que pudiera ser, si era odiosa nadie querría estar conmigo. ¡Así que cuando llegué a la adolescencia hice todo lo posible por ser súper amable con todos! Además, era hija del pastor, así que sentía que tenía la obligación de ser amable. Como resultado, también en ese tramo de mi vida varios muchachos pensaron que estaba enviando las señales equivocadas.

Lo que también está comprobado es que la sonrisa tiene un efecto benéfico sobre nuestro organismo. El psicólogo de la Universidad de Wisconsin-Madison, Robert McGrath, afirma que «tras reírnos, hay un breve período durante el cual la presión sanguínea baja y el corazón se desacelera». Incluso hay tratamientos basados en el poder de la risa, que se conocen como «riso terapia» y que reportan tener excelentes resultados. ¿Te imaginas? ¡Riso terapia, jaja!

Las palabras, los gestos y los comportamientos pueden ser agradables como un perfume caro, o pueden ser destructivos como una epidemia. Por eso nuestras acciones tienen que ser intencionales, tienen que ser pensadas y practicadas, para que se transformen en parte de nuestro carácter.

La película «Buscando a Nemo» me pareció genial. En ella vemos a Marlín (el padre de un pececito llamado Nemo) junto a un pez llamada Doris (que sufre de pérdida de memoria de corto plazo) que comparten una travesía en búsqueda de Nemo, que había sido atrapado por un buceador. Pasan por miles de enredos, peligros y aventuras, y en todo momento Doris es súper positiva, alegre y feliz. Lo que me gustó es que esta actitud es la que la salva de todos los peligros, le permite encontrar ayuda cuando la necesitan, y hasta provoca que luego sean amigos de un grupo de tiburones feroces.

Una sonrisa amable en el momento justo puede cambiar el rumbo de todo el resto del día. El nuestro y el de quien nos rodea. Una sonrisa puede conquistar cualquier corazón.

BONDAD

> *«El único símbolo de superioridad que conozco es la bondad».*
>
> Ludwig van Beethoven
>
> *«Más bien, sean bondadosos y compasivos unos con otros, y perdónense mutuamente, así como Dios los perdonó a ustedes en Cristo».*
>
> Deuteronomio 33.29

La palabra original bíblica en el griego es *Agathosune*, y se refiere a una predisposición activa para hacer el bien. La bondad actúa sin dobleces ni hipocresía. La bondad obsequia credibilidad a quien la posee, y hasta crea espacio para que quien la tiene se equivoque y otras personas le perdonen con mayor facilidad cualquier error.

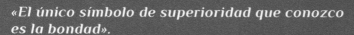 Nuestras identidades se construyen con nuestras decisiones

Ser bondadosos no es solo un comportamiento, ya que no se limita a algunos actos aislados. La bondad tiene que ver con el carácter, y se encuentra en el interior de las personas. Nuestras identidades se construyen con nuestras decisiones, y el compromiso de ser bondadosos se construye con comportamientos que se repiten una y otra vez hasta que se convierten en hábitos y se incorporan a nuestra identidad.

Claro que lo que se aprende de nuestros padres, o de quienes están a nuestro alrededor en la infancia, sigue siendo una herencia que nos afecta, y hay hábitos de la bondad que se transmiten generacionalmente. En todos los casos hay herencias que nos benefician y otras que luego son difíciles de corregir. Pero si no hacemos el esfuerzo de modificarlas nos torturarán el resto de nuestra vida.

Cuando nos casamos y llegamos a ser padres debemos ser muy conscientes en grabar *intencionalmente* en nuestros hijos principios y valores que serán para ellos una base positiva para el resto de sus vidas. Su belleza interior de mañana se verá afectada por nuestras decisiones de hoy, y por eso es tan importante que la bondad sea una cualidad de nuestro carácter.

No importa si nos han tratado con bondad o si nos han hecho sufrir desde que nacimos, la Biblia nos enseña que ninguno es enteramente bueno. Anímate a leer Romanos 3.10-23, y recuerda que el mismo Jesús dijo que solo Dios es bueno (Marcos 10.18)

En Mateo 19.16-22 encontramos la historia de un joven fantástico en muchos aspectos, quien pensaba que sus bondades le darían la vida eterna. La historia dice así: *«Sucedió que un hombre se acercó a Jesús y le preguntó: —Maestro, ¿qué de bueno tengo que hacer para obtener la vida eterna?—¿Por qué me preguntas sobre lo que es bueno?—respondió Jesús—. Solamente hay uno que es bueno. Si quieres entrar en la vida, obedece los mandamientos. —¿Cuáles?—preguntó el hombre. Contestó Jesús:—No mates, no cometas adulterio, no robes, no presentes falso testimonio, honra a tu padre y a tu madre, y ama a tu prójimo como a ti mismo. —Todos ésos los he cumplido—dijo el joven—. ¿Qué más me falta?—Si quieres ser perfecto, anda, vende lo que tienes y dáselo a los pobres, y tendrás tesoro en el cielo. Luego ven y sígueme. Cuando el joven oyó esto, se fue triste porque tenía muchas riquezas».*

En esta conversación, Jesús le está mostrando al joven rico que él no era tan bueno como se imaginaba, y que necesitaba revisar qué era lo que ocupaba el primer lugar en su corazón, para recién entonces poder seguirlo y obtener la vida eterna.

El Señor conoce nuestro corazón, y debemos reconocer que todos necesitamos ayuda, porque aunque muchas veces deseamos y hacemos lo mejor para los demás, en otras ocasiones también quedamos muy lejos de desearle el bien a todos, o de hacer lo que es correcto.

Dios nos hace buenos. Él es bueno, y necesitamos su provisión de bondad aunque también debemos aprender a poner nuestro esfuerzo, para que luego él haga el milagro espiritual de inundarnos de su prodigiosa bondad.

Depura tus intenciones

«*La bondad solo puede ser recompensada con bondad*».

Malala Yousafzai

«*Baño de plata sobre olla de barro son las palabras suaves que llevan mala intención. El que odia, lo disimula cuando habla, pero en su interior hace planes malvados. No le creas si te habla con ternura, pues su mente está llena de maldad...*».

Proverbios 26.23-25 (DHH)

Todos tenemos malos ratos, y a todos a veces se nos ocurren cosas de las que deberíamos sentirnos avergonzados. Todos en algún momento tratamos de esconder lo que verdaderamente sentimos, y aunque a veces sea lo más civilizado que podemos hacer, en lo secreto necesitamos trabajar nuestras intenciones para que no nos persigan y destruyan nuestra paz. Trabajar en el dominio de nuestras emociones y percepciones no es tarea fácil, pero el Señor pone a nuestra disposición su poder para que podamos lograrlo.

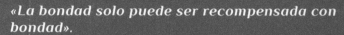

> A todos a veces se nos ocurren cosas de las que deberíamos sentirnos avergonzados

Algunas personas pareciera que creen que porque la salvación viene por la fe, ahí se terminó todo en la experiencia cristiana. ¡Pero quien ha conocido del amor de Dios no puede quedar tal cual llegó a conocerlo! Ni bien entendemos su gran obra, nuestro corazón se abre a la aventura de ser cambiados por su gracia aunque, claro, nosotros podemos retrasar el trabajo del Señor y hacerle al Espíritu Santo su misión de que nos parezcamos a Jesús una tarea demasiado complicada.

El Señor Jesús no solo nos justifica ante el Padre, sino que nos santifica por medio de su Espíritu Santo. Eso significa que Dios no solo nos da esperanza para el futuro, sino que también transforma nuestra vida en el presente. Su promesa de salvación comienza aquí en la tierra, porque nacimos de nuevo y esta vida eterna que ganamos ya comenzó.

> ⁶⁶ El Señor Jesús no solo nos justifica ante el Padre, sino que nos santifica por medio de su Espíritu Santo

En su carta a los Romanos, Pablo dice:

«Por tanto, mediante el bautismo fuimos sepultados con él en su muerte, a fin de que, así como Cristo resucitó por el poder del Padre, también nosotros llevemos una vida nueva. En efecto, si hemos estado unidos con él en su muerte, sin duda también estaremos unidos con él en su resurrección. Sabemos que nuestra vieja naturaleza fue crucificada con él para que nuestro cuerpo pecaminoso perdiera su poder, de modo que ya no siguiéramos siendo esclavos del pecado; porque el que muere queda liberado del pecado. Ahora bien, si hemos muerto con Cristo, confiamos que también viviremos con él. Pues sabemos que Cristo, por haber sido levantado de entre los muertos, ya no puede volver a morir; la muerte ya no tiene dominio sobre él. En cuanto a su muerte, murió al pecado una vez y para siempre; en cuanto a su vida, vive para Dios. De la misma manera, también ustedes considérense muertos al pecado, pero vivos para Dios en Cristo Jesús. Por lo tanto, no permitan ustedes que el pecado reine en su cuerpo mortal, ni obedezcan a sus malos deseos. No ofrezcan los miembros de su cuerpo al pecado como instrumentos de

injusticia; al contrario, ofrézcanse más bien a Dios como quienes han vuelto de la muerte a la vida, presentando los miembros de su cuerpo como instrumentos de justicia. Así el pecado no tendrá dominio sobre ustedes, porque ya no están bajo la ley sino bajo la gracia».
(Romanos 6.4-14)

¿Qué grandioso texto, cierto?

Muchos creen que ser cristiano es una lista de cosas que *no* debemos hacer, y eso se debe a tanta religiosidad enseñada por gente que se olvidó que no se trata solo de evitar los pecados, sino de dejar que Espíritu Santo cambie nuestra condición de pecadores. El que cambia nuestras acciones es el Espíritu Santo trabajando en nuestro interior, y solo muriendo con Cristo es que podemos lograrlo. Por eso en 2 Corintios 5.17 leemos: *«Por lo tanto, si alguno está en Cristo, es una nueva creación. ¡Lo viejo ha pasado, ha llegado ya lo nuevo!»*

¡En Cristo somos hechos nuevos! Nuestra naturaleza humana siempre estará en nosotros, pero ya no tiene dominio sobre nosotros. Al menos no lo tiene mientras nosotros no le demos lugar a nuestros deseos naturales de pecar. Por eso es importante entender la importancia del sacrifico en la cruz y ser bautizados. Porque de ese modo reconocemos la necesidad de morir con Cristo y de enterrar nuestra naturaleza de pecado, para ser resucitados con él mediante el poder del Padre, y así poder vivir una nueva vida llena del Espíritu Santo.

Y es que sin su poder no podemos enterrar nuestro mal. Cuando somos bautizados por inmersión en agua, experimentamos con nuestro propio cuerpo el enterrar nuestro ser, haciéndolo evidente a todos y grabando en nuestra mente y corazón, mediante un acto simbólico, la muerte de Cristo por nuestros pecados. Así también somos resucitados por medio de Su poder. Antes de él no había manera en que pudiéramos escapar del pecado. ¡Solo por su poder es que podemos lograrlo!

Pablo no está diciendo que una vez que morimos con Cristo y nos bautizamos ya estamos listos y podremos automáticamente vivir una vida perfecta para Dios. Lo que nos enseña es que, muriendo a nuestra naturaleza de pecado, nos desvinculamos con aquella relación que nos mantenía esclavos del pecado.

Por Adán entró el pecado y la muerte al mundo, y humanamente somos hijos de él, pero por Cristo llegamos a la vida eterna y resucitamos juntamente con él en el bautismo. Entonces, ni la muerte, ni el pecado, ni nuestra condición humana tienen ya poder sobre nosotros. Ahora el sacrificio de Cristo determina nuestra nueva naturaleza, y es a través de su Espíritu que podemos vencer nuestros deseos carnales y naturales, típicos de nuestra humanidad caída. Ahora podemos vivir para él y través de él.

Yo creo que quien nos anima de manera más clara a limpiar nuestras intenciones es el apóstol Juan, cuando escribe: *«Si confesamos nuestros pecados, Dios, que es fiel y justo, nos los perdonará y nos limpiará de toda maldad».* (1 Juan 1.9) Dios ya sabe nuestras intenciones, y nos ama a pesar de ellas. Por eso es tonto intentar ocultárselas, y es todavía más tonto intentar engañar a Dios con esas frases típicas de cristiano «superespiritual» que clama «Señor, yo solo quiero servirte», o «Lo único que me interesa en este mundo es la salvación de las almas»...

Dios ya sabe que muchas veces no queremos servirlo, y que en muchas ocasiones no hacemos demasiado por la salvación de las almas. Él ya conoce nuestros pecados aun antes de que comiencen a ser pensados en nuestra mente y actuados en nuestro cuerpo, ¡y nos ama igual! Pero si no confiamos en él lo suficiente como para permitirle cambiar nuestras intenciones, siempre estarán allí, sucias, sin ser transformadas. Lo diré de nuevo de una manera más clara: Debemos limpiar nuestras intenciones periódicamente, dándole a Dios las sucias para que él las remplace.

Las intenciones de nuestro corazón necesitan ser purificadas. Cuando esto sucede, entonces nuestras acciones serán de benevolencia y sin falsedad. Buscaremos siempre el bien de quienes nos rodean, y esa bondad nos hará tomar mejores decisiones. Y, definitivamente, seremos considerados personas más bellas.

Pasa tiempo con tu mejor amigo

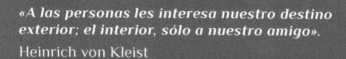

> «*A las personas les interesa nuestro destino exterior; el interior, sólo a nuestro amigo*».
> Heinrich von Kleist
>
> «*Acérquense a Dios, y él se acercará a ustedes...*».
> Santiago 4.8

Todas las religiones enseñan lo que se debe hacer para poder acercarse a Dios, o a otros dioses. Nuestro Dios es único porque rompió el molde al tomar *él* la iniciativa de acercarse a nosotros e invitarnos a una relación con él, para que así podamos cambiar. En otras palabras, la religión nos dice lo que debemos cambiar pera luego acercarnos a Dios, pero Dios nos invita a su lado para qué, cerquita de él, él nos pueda cambiar. Es Dios quien toma la iniciativa. Él nos invita antes de que nosotros lo invitemos a él. ¿No te parece fabuloso?

Por eso es imposible seguir a Jesús sin pasar tiempo con él.

Quizás hayas visto una película llamada «Cuatro navidades». Brad y Kate son una pareja de San Francisco que ve como sus planes iniciales de pasar el día de Navidad en un lugar exótico y alejado de su ciudad y de sus propias familias se convierten, debido a una tormenta tropical, en algo muy diferente. Obligados y sin escapatoria, se ven envueltos en una Navidad de lo más familiar. Pero no será una única celebración familiar, si no que serán ¡cuatro en el mismo día! Cuatro celebraciones en las que salen a la luz los miedos de la infancia, se reabren las heridas de la adolescencia y llega a ponerse en peligro la relación entre Brad y Kate. En una de esas visitas terminan en la casa de la mamá de Brad, y allí están sus dos hermanos que son insoportablemente groseros. Kate lleva un juego de mesa llamado Taboo para pasar el rato, y uno de los hermanos comienza el juego con su esposa mientras come groseramente unas alas de pollo. Una tras otra logran acertar 7 palabras sin equivocarse, demostrando lo bien que se entienden. Luego es el turno de los protagonistas, y ellos no logran acertar ni una palabra. Brad y Kate, que pensaban que tenían una comunicación ideal él uno con el otro, y que sentían que eran tanto mejores que los demás, se encuentran ahora descubriendo que no saben demasiado de su pareja y que, aunque no tienen grandes peleas, tampoco tienen el romance que alguna vez soñaron.

A veces pasa eso mismo en nuestra relación con Jesús. Pensamos que ya conocemos tanto de su palabra que estamos bien. Tenemos consuelo, aliento para quien lo necesite, podemos hablar de las historias bíblicas y repetir versículos de memoria... pero en realidad no sabemos de quién estamos hablando. No conocemos sus gustos ni sus deseos.

Leemos en Mateo 15.7-9 que en cierta ocasión Jesús le dijo a unas personas religiosas: *«Tenía razón Isaías cuando profetizó de ustedes: "Este pueblo me honra con los labios, pero su corazón está lejos de mí. En vano me adoran; sus enseñanzas no son más que reglas humanas"»* Fuerte, ¿verdad?

Podemos tener la voz más hermosa del mundo y cantar alabanzas en muchas plataformas, pero si nuestro corazón está lejos de Dios no somos verdaderos adoradores ni somos sus amigos. En el libro *«Generación de Adoradores»* Danilo Montero resalta: «Adoración es algo más que cantar, es volver al diálogo inicial que Dios planeó desde el principio. Es conversar con él mientras le servimos las mejores delicias» ¿Cómo podríamos servirle sin conocerlo?

En el libro *«Diferente»* Lucas cuenta la historia del Hermano Lawrence quien, habiéndolo dejado todo para internarse como monje, recibió la tarea de ¡limpiar platos y lavar pisos! Al principio dicho trabajo lo irritó, pero al tiempo comenzó a meditar sobre sus sentimientos y su mala actitud, y decidió proponerse el desafío de experimentar al Señor mientras realizaba esas labores. Finalmente fue en medio de esos quehaceres que encontró la clave de la vida cristiana. La primicia principal de su escrito (un pequeño libro titulado *La práctica de la presencia de Dios*) es que hay que alimentar una conversación íntima con el Señor en todo lo que hacemos. El Hermano Lawrence recomendaba: «Piensa a menudo en el Señor, de día, de noche, en tu trabajo y en tu descanso. También, y sobre todo, en tus diversiones». Y también: «Sé fiel en mantenerte en Su presencia incluso en los detalles más insignificantes, y hasta las circunstancias más rutinarias se convertirán en una experiencia espiritual que compartirás con tu mejor amigo». ¡Qué buenos consejos!

Únicamente pasando tiempo con nuestros amigos es que llegamos a conocerlos. Y los amigos se convierten en mejores amigos cuando se acumulan las vivencias, y experiencias de ayudarse mutuamente en las dificultades, de celebrar las victorias, y de acompañarse en acontecimientos importantes. ¡Jesús quiere estar en todos nuestros acontecimientos importantes, y él también quiere hacer de los no importantes algo extraordinario!

Muchos temen acercarse a Jesús porque saben que les dirá cosas que no quieren escuchar. Y seguro que es más fácil la ignorancia que la obediencia. Pero cuidado, porque a veces quien nos dice que Jesús nos va a regañar es la religión y no el Espíritu Santo.

El Espíritu Santo nos consuela y nos anima a cambiar, no por culpa sino por gozo. Por el placer que viene de hacer lo correcto y vivir con libertad.

El pecado, en cambio, nos mutila sin disimulo. El pecado nos susurra al oído que la servidumbre es nuestro destino y la impotencia nuestra naturaleza. Pero el Espíritu Santo nos recuerda la gracia de Jesús y su deseo de tener una amistad con nosotros.

En Juan 10.9 leemos: *«Yo soy la puerta; el que entre por esta puerta, que soy yo, será salvo. Se moverá con entera libertad, y hallará pastos».*

Y en Mateo 11.28 Jesús nos dice: *«Vengan a mí todos ustedes que están cansados y agobiados, y yo les daré descanso».*

Por fuera puede que nos veamos muy santos, pero si no tenemos una relación íntima con él, lo que estamos haciendo es copiar un espejismo que vimos en algún desierto.

¡Dios quiere ser nuestro amigo! Él nos escogió, y no porque tuviera una idea equivocada de quienes somos, sino porque nos conoce y, a pesar de eso, nos ama.

66 Estando cerquita de Dios nos contagiamos de su carácter.

FIDELIDAD
(fe)

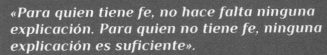

> *«Para quien tiene fe, no hace falta ninguna explicación. Para quien no tiene fe, ninguna explicación es suficiente».*
>
> Tomás de Aquino
>
> *«Porque más me deleito en la lealtad que en el sacrificio».*
>
> Oseas 6.6 (LBLA)

La palabra *Pistis* nos regala dos ideas básicas, y por eso según sea la traducción de la Biblia que leamos, nos encontraremos con «fe» o «fidelidad».

Como *«fe»*, *Pistis* es la materialización en nuestra imaginación de lo que todavía no vemos, y es la cualidad que tienen las personas visionarias que anticipan lo que sucederá y ayudan a otras a establecer metas realizables. La fe como cualidad del carácter hace a una persona expectante, optimista y segura.

Como *«fidelidad»*, *Pistis* tiene que ver con un compromiso que permanece. Las personas fieles prestan atención al proceso y no solo a los resultados. Siguen ahí en toda circunstancia, sin perder, justamente, la fe.

En el mundo actual pareciera que la fidelidad es circunstancial, emocional, y hasta muchos la ven como aburrida. Incluso pareciera que la infidelidad es más sexy para algunos. Infinidad de películas, novelas y canciones pretenden que pensemos que la infidelidad es una intrigante y tentadora aventura.

En cambio, cuando se habla de fidelidad automáticamente pensamos en el matrimonio, y nos viene a la mente el «atarnos» a una persona y nunca más ser libres. Si pensamos en las despedidas de solteros según las entiende el mundo, por ejemplo, notaremos que se tratan básicamente de «despedir», como con lástima, a la persona que se va a casar, haciéndole vivir en una noche de descontrol todo lo que nunca más podrá vivir en su vida. La idea que se respira en el aire es que la diversión se acaba con el casamiento.

Claro, porque con el casamiento llegan los compromisos y las rutinas, las demandas y la dependencia. ¡Qué lejos está el mundo de entender de qué se trata la fidelidad, y, lo que es peor, qué lejos está de entender la belleza del matrimonio según el diseño de Dios! La fidelidad tiene que ver con entregarnos de lleno y por completo, por elección, sabiendo que no estamos dando una parte de nosotros sino nuestra alma y corazón.

La fidelidad es una elección

La fidelidad es una elección. Es decidir sostener determinadas convicciones que nos harán permanecer a pesar de la duda y de las dificultades.

El matrimonio es una conexión evidente, pero la fidelidad se debería traducir en todos los aspectos de nuestra vida, en cada acción. La fidelidad a nuestros valores desarrolla nuestro carácter y es una de las virtudes más sorprendentes, porque tiene todo que ver con una persona creíble, positiva y llena de esperanza. Tiene que ver con lo que se espera creyendo que va a suceder, aun sin poder demostrarlo. Fidelidad, o fe, es creer confiadamente en algo que no podemos ver o probar. ¡La fe es arte! Es como una piedra preciosa que vamos trabajando detalladamente en nuestro corazón, y que permanecerá fuerte en los momentos de mayor presión.

Prácticamente todas las personas que han inventado algo que transformó la historia han sido personas de mucha fe. Primero tenían una idea, y luego tenían que ser fieles a su convicción y perseverar a pesar de sus fracasos para lograr lo que ambicionaron. Los inventores y los exploradores de nuevas fronteras son maestros de la fe y de la fidelidad, y de ellos tenemos que aprender mucho.

> Todas las personas que han inventado algo que transformó la historia han sido personas de mucha fe

La fidelidad a Dios es mi fe puesta en quién probó ser constantemente fiel a pesar de mí.

CONSEJO
15

Confía en la fidelidad de Dios

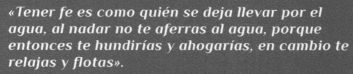

«Tener fe es como quién se deja llevar por el agua, al nadar no te aferras al agua, porque entonces te hundirías y ahogarías, en cambio te relajas y flotas».

Alan Watts

«Pero entonces, si a algunos les faltó la fe, ¿acaso su falta de fe anula la fidelidad de Dios? ¡De ninguna manera! Dios es siempre veraz, aunque el hombre sea mentiroso...».

Romanos 3.3-4

Tenemos un Dios que siempre cumple sus promesas así que el Señor no nos pide que seamos fieles sin primero mostrarnos que él es fiel.

En la Biblia incluso leemos, en 2 Timoteo 2.13, que *si somos infieles, él sigue siendo fiel, ya que no puede negarse a sí mismo*. ¡Qué inmensa seguridad tenemos en él!

Desde el principio Dios se ha mostrado fiel. En el Antiguo Testamento vemos como Dios primero hace un pacto con su pueblo, pero este una y otra vez lo decepciona. Lo abandonan, lo dejan por otros dioses, y Dios los reprende. El pueblo se arrepiente, pero pronto nuevamente se apartan de él...

Dios siempre ha tomado la iniciativa de abrazar a su pueblo con una ultra renovable misericordia. De hecho, probablemente hayas escuchado hablar de que Dios hizo «un pacto de gracia» con su pueblo. Sin embargo lo más poderoso de esto es que ese pacto no lo hizo con nosotros, ¡sino consigo mismo! Sí, leíste bien. Dios hizo un pacto de fidelidad que cubre su parte y la nuestra. Ya en Génesis 15 se nos enseña que el pacto de Dios con Abram fue unilateral. Dios hizo y cumplió todas las partes del pacto. Y es que Dios no necesita de nuestra fidelidad para mantenerse fiel.

> Dios no necesita de nuestra fidelidad
> para mantenerse fiel

En Juan 6 leemos que Jesús y sus discípulos estaban a orillas del mar y *«mucha gente los seguía, porque veían las señales milagrosas que hacía en los enfermos»* (v.2). Entonces Jesús hizo un milagro aun más increíble: la famosa historia de los 5 panes y 2 peces que multiplicó para alimentar a más de 5000 personas. El versículo 14 cuenta que *«al ver las señal que Jesús había realizado, la gente comenzó a decir en verdad éste es el profeta, el que ha de venir al mundo"»*. ¡Todos podían reconocer quién era Jesús por sus milagros!

Así es que en esos días los discípulos de Jesús ya habían sido testigos de cientos de milagros. Esa noche sucedió que los discípulos se adelantaran a cruzar del otro lado del lago. Jesús no estaba con ellos. Y de repente, en medio de la fuerte oleada, vieron a Jesús acercándose, caminando sobre el agua. ¡Hasta miedo tuvieron!

A la mañana siguiente, en Capernaún, la gente comenzó a hacerle preguntas a Jesús, y Jesús les dijo que él era el pan de vida, y que todo aquel que creyera en él tendría vida eterna. Todos comenzaron a sentirse algo incómodos con las declaraciones de Jesús. Algunos murmuraban, los judíos discutían entre sí *«acaloradamente»* (v. 52), muchos de sus discípulos exclamaron *«Esta enseñanza es muy difícil; ¿quién puede aceptarla?»* (v. 60), y *«Desde entonces muchos de sus discípulos le volvieron la espalda y ya no andaban con él»* (v. 66).

Lugo de ver todos los milagros que vieron, luego de todas las señales de las que fueron testigos, aparece algo que les produce duda ¡y ya muchos lo abandonan! En cuanto no entendieron lo que Jesús estaba diciendo, ni bien les pareció que era muy difícil, le dieron la espalda. ¡Esa es una falta de fidelidad, y una falta de fe en la fidelidad de Jesús! El gran pecado allí fue que dejaron de confiar en que si Jesús les demandaba algo era porque resultaba posible lograrlo, y en que Jesús sabía por qué se los decía.

¿Te suena conocido? A mi me ha pasado. Y sé que a todos nos pasa. Ante la primera prueba que se nos presenta comenzamos a dudar de la fidelidad de Dios. Olvidamos su poder, sin importar cuántas otras veces Dios haya mostrado su fidelidad hacia nosotros. Muchos incluso le dan la espalda y lo abandonan.

Hace unos años hubo un «despertar espiritual» en Argentina que fue muy conocido y en el que muchos fuimos parte, yo incluida. Las manifestaciones del Espíritu eran increíbles, la gente llenaba las iglesias hasta más no poder, y caíamos a los pies de Jesús con arrepentimiento, buscando sanidad del cuerpo y del alma. Yo era una adolescente, pero recuerdo la alegría de ver a muchos amigos que habían vivido alejados de Dios, conmocionados ahora por su presencia. Algunos hablaban en lenguas, otros se sanaban y otros más tenían visiones. Podría decirse que estábamos ardiendo con el poder del Espíritu Santo en nuestro ser.

Esto duró unos cuantos años, pero al tiempo la gente se cansó de ver lo mismo y de experimentar las mismas emociones, y muchos volvieron a su estado anterior. Las dificultades que aparecieron en sus vidas, las rutinas, los desafíos diarios, las enfermedades, la muerte, y cosas que no entendieron los alejaron de Jesús como si nunca hubieran experimentado su poder. ¿Qué sucedió? Creo que muchas de las personas que luego flaquearon en realidad se habían enamorado de los milagros, o de sus propias emociones, en lugar de enamorarse de la fidelidad de Dios. No podemos permanecer fieles si ponemos nuestra fe en los milagros de Dios. ¡Nuestra fe debe estar puesta en el Dios de los milagros!

Lo que sucede es que queremos tener una gran fe, pero no queremos dedicarle tiempo al Dios proveedor de la fe, ni queremos sacrificar nada para estudiar su palabra. La fe se alimenta a través de la palabra de Dios (Romanos 10.17). No hay manera de aumentar nuestra fe si no pasamos tiempo con el Señor y leyendo su Palabra, para así llegar a conocer su corazón.

A veces las personas se dan por vencidas de un momento a otro. A veces se van dando por vencidas de a poco. Pero nosotros no podemos darnos por vencidos. El compromiso, a largo plazo, produce grandes resultados.

Los verdaderos discípulos permanecen comprometidos aun cuando sea difícil. En Juan 6.66-67 vemos que Jesús confronta al resto de sus discípulos: *«¿También ustedes quieren marcharse?»*, y Pedro responde: *«Señor, ¿a quién iremos? Tú tienes palabras de vida eterna. Y nosotros hemos creído y sabemos que tú eres el Santo de Dios».* Los que conocían de cerca a Jesús, sabían que podían confiar en él. Porque, aunque ellos habían decepcionado a Jesús más de una vez, él nunca los había dejado. Jesús sabía cuál sería el resultado final. Él estaba comprometido con sus discípulos y los amaba. Era su amigo. Esto sembró fe en ellos, y ellos cuidaron que la semilla germine y crezca.

El problema es que perdemos demasiado tiempo recordando nuestras infidelidades, en lugar de poner toda nuestra confianza en la fidelidad de Dios. Lo que ya hicimos mal, lo hicimos mal, y no podemos cambiar nuestro pasado. Pero podemos comenzar a confiar ya mismo en la fidelidad de Dios, y de ese modo cambiar nuestro futuro.

CONSEJO
16

Duda en obediencia

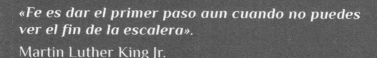

«Fe es dar el primer paso aun cuando no puedes ver el fin de la escalera».

Martin Luther King Jr.

«¿Cómo sabemos si hemos llegado a conocer a Dios? Si obedecemos sus mandamientos».

1 Juan 2.3

La Biblia está llena de relatos de personajes que fueron increíblemente fieles a Dios, a quienes su fe los llevó a impresionantes aventuras. Seguro te acuerdas de Noé, de Daniel, de la mujer con el flujo de sangre, del ciego al costado del camino, e incluso del ladrón crucificado junto a Jesús. Todos ellos confiaron en el Señor y fueron premiados por su fe.

Sin embargo, si miramos con cuidado muchas de estas historias notamos que estos personajes no fueron perfectos, y nos damos cuenta que ellos también tuvieron sus momentos de duda. Miramos a Abram, por ejemplo, que luego es llamado «el padre de la fe», y vemos que la Biblia no dice que haya alcanzado este título por no haber tenido ninguna duda.

Mira bien la historia de Génesis. Luego de que Abram sale hacia no sabe dónde (pero confiando en que Dios lo guía), el Señor se le aparece en Siquén y le dice que ese lugar será de sus descendientes. Sin embargo, debido a una escasez momentánea de comida, Abram termina en Egipto. ¿No debería haber creído

Abram que Dios proveería en medio de la escasez? Si lees con cuidado la historia hasta te enterarás de que Abram casi produce una catástrofe en Egipto por decir que su esposa era su hermana... No suena a mucha fe todo ese enredo, ¿cierto?

Luego (porque ahí no termina la historia) Dios vuelve a hablarle a Abram. Básicamente le vuelve a decir que será bendecido. Ante esto, Abram se atreve a decirle a Dios: «¿para qué vas a darme algo si aún sigo sin tener hijos, y el heredero de todos mis bienes será Eliezer de Damasco?» ¡Dios ya le había prometido hacer de él una gran nación, pero Abram miró sus circunstancias, perdiendo de vista el poder de Dios!

Dios puede convertir a una persona mediocre en una historia de éxito

A mí personalmente me alienta mucho ver que los héroes de la Biblia hayan metido la pata tan seguido, porque me enseña que Dios hace cosas extraordinarias con personas ordinarias. Me recuerda que Dios puede convertir a una persona mediocre en una historia de éxito, y a una persona de distinguida fealdad en una belleza espiritual.

Dios fue paciente con Abram y le dio nuevas oportunidades porque, aunque era imperfecto y también dudó, lo cierto es que Abram dejó todo por seguirlo. Este es un punto importante, ya que nos enseña que es la dirección de nuestro corazón lo que determina que Dios nos evalúe como personas de fe. Meter dos goles de diez intentos es mejor que no meter ninguno.

Dios sabe que no somos perfectos y el siempre renovará sus misericordia para con nosotros. Pero nosotros nos retrasamos en llegar a nuestro destino divino cuando no confiamos. Por eso es que a pesar de las imperfecciones y las dudas debemos continuar. Y por eso es que el compromiso con Dios demanda obediencia. Aunque no sepamos qué está pasando, y aunque tengamos preguntas y dudas puntuales, sabemos que él es digno de confianza. Aunque en nuestra humanidad nos cueste entender todo el plan, sabemos que lo que hace y nos pide, lo hace y nos lo pide por amor.

Dios quiere usarnos, y tenemos que estar atentos a sus instrucciones.

Moisés fue otro gran ejemplo de fe, aunque también su historia nos da testimonio de que comenzó obedeciendo lleno de dudas. El libro de Éxodo cuenta su historia, y si leemos el comienzo de su llamado vemos que Moisés había escapado de Egipto como un asesino. En el camino encontró refugio, y hasta esposa e hijos. Así que después de haber vivido en el palacio como hijo de Faraón, Moisés se encuentra en el desierto cuidando las ovejas de su suegro, cuando ve este arbusto que está encendido en fuego pero que no se quema... y ahí es cuando Dios mismo le habla. Obviamente a Moisés, frente a esta visión, no le quedan dudas de que está hablando con Dios. Pero en seguida su humanidad le juega una mala pasada y se quiere sacar de encima la responsabilidad: *«¿Y quién soy yo para presentarme ante el faraón y sacar de Egipto a los israelitas?»* (Éxodo 3.11).

Cuando leo esto, realmente puedo comprender a Moisés. Él había huido de Egipto y de Faraón, así que es probable que no quisiera volver. Por eso esconde su miedo tras la falsa modestia: «¿quién soy yo?». Por otra parte, que aunque él era hebreo y veía sufrir a su pueblo, él siempre había vivido en el palacio. Debía haber confusión en su corazón, y el intentar defenderlos no le había funcionado muy bien en el pasado. Incluso ellos se lo dejaron saber: *«¿Y quién te nombró a ti gobernante y juez sobre nosotros?»* (Éxodo 2.14). Él sabía que no tenía el apoyo de todos los israelitas, y esto, lógicamente, lo hacía dudar.

¿Será que Dios no conocía los pensamientos y los miedos de Moisés? ¡Claro que sí! Los conocía, y de todos modos lo eligió a él para esa tarea. Y lo llamó. Y le insistió. Dios tenía un gran plan, y trató a Moisés con paciencia y amor a pesar de sus dudas y temores. Y le dio confianza diciéndole: «Yo estaré contigo» (Éxodo 3.12). Igual que hace con nosotros.

De la historia de Moisés hay dos cosas que seguro debemos aprender. Primero, que ya sea con dudas o sin dudas nos toca obedecer a Dios para vivir la mejor aventura de nuestra vida. Segundo, que Dios confía más en nosotros de lo que nosotros nos merecemos, y que por eso no hace falta esconderle esas dudas a Dios.

> 66 Yo puedo no entender el plan de Dios para mi vida, pero al mismo tiempo confiar en que, si es su plan, entonces es mejor que el mío

La duda no es lo contrario a la fe, la duda fortalece nuestra fe mientras seamos fieles. Yo puedo no entender el plan de Dios para mi vida, pero al mismo tiempo confiar en que, si es su plan, entonces es mejor que el mío.

Ser fiel está anclado a conocer la esencia de Dios, y saber que en él podemos confiar. Cuando somos fieles siempre volveremos a nuestro Dios para pedirle que nos explique, para preguntarle las razones y, si somos lo suficientemente humildes, para dejarnos guiar. Dios nos afirmará, nos encausará, nos recordará sus obras en el pasado y nos explicará el plan. Como lo hizo con Abram, como lo hizo con Moisés, y como lo hizo con tantos más en la Biblia y a nuestro alrededor.

Tener dudas es normal, y hasta sano, ya que ellas nos plantean la necesidad de conocer bien nuestras convicciones y nos impulsan a buscar a Dios para encontrar respuestas. Lo que creemos lo creemos porque alguna vez lo tuvimos que dudar, y Dios no se ofende ni se escandaliza por eso si, aun a pesar de tener dudas y preguntas, seguimos caminando por donde él nos lleva.

CONSEJO

17

Recuérdate
sus promesas

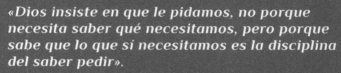

«Dios insiste en que le pidamos, no porque necesita saber qué necesitamos, pero porque sabe que lo que sí necesitamos es la disciplina del saber pedir».

Catherine Marshall .

«Y ni una sola de las buenas promesas del Señor a favor de Israel dejó de cumplirse, sino que cada una se cumplió al pie de la letra».

Josué 21.45

La manera más efectiva de mantener nuestra fe en alto es conocer las promesas que Dios nos ha dejado. Conociendo sus promesas podemos acercarnos más a su corazón y entender sus intenciones, y entonces al momento de pedir lo haremos con inteligencia y sabiduría.

Hebreos 10.22-23 dice:

«Acerquémonos, pues, a Dios con corazón sincero y con la plena seguridad que da la fe, interiormente purificados de una conciencia culpable y exteriormente lavados con agua pura. Mantengamos firme la esperanza que profesamos, porque fiel es el que hizo la promesa».

Dios es fiel a sus promesas, y él quiere entregarnos promesas que nacen de su amor por nosotros. Desde el principio de su revelación al hombre, Dios mostró su interés en bendecirnos. Hebreos 6.13-20 se nos confirma:

«Cuando Dios hizo su promesa a Abraham, como no tenía a nadie superior por quien jurar, juró por sí mismo, y dijo: Te bendeciré en gran manera y multiplicaré tu descendencia." Y así, después de esperar con paciencia, Abraham recibió lo que se le había prometido. Los seres humanos juran por alguien superior a ellos mismos, y el juramento, al confirmar lo que se ha dicho, pone punto final a toda discusión. Por eso Dios, queriendo demostrar claramente a los herederos de la promesa que su propósito es inmutable, la confirmó con un juramento. Lo hizo así para que, mediante la promesa y el juramento, que son dos realidades inmutables en las cuales es imposible que Dios mienta, tengamos un estímulo poderoso los que, buscando refugio, nos aferramos a la esperanza que está delante de nosotros. Tenemos como firme y segura ancla del alma una esperanza que penetra hasta detrás de la cortina del santuario, hasta donde Jesús, el precursor, entró por nosotros, llegando a ser sumo sacerdote para siempre...»

Dios quiere que nos aferremos a sus promesas y pongamos nuestra fe en la esperanza de su inmutable fidelidad.

En las historias de ficción y dibujos animados una y otra vez aparecen personajes con libros especiales de hechizos y encantos mágicos, los cuales los salvan en situaciones difíciles o los ayudan en su caminar. Nosotros, los que amamos a Dios, tenemos un libro lleno de promesas que están esperando ser descubiertas y reclamadas. Dios quiere que lo conozcamos, que sepamos qué es lo que él ya nos prometió y qué desea para nuestras vidas. Pero Dios no es un genio en una lámpara, sino un Padre amoroso lleno de buenas dádivas.

Mateo 7.7-11 dice:

«Pidan, y se les dará; busquen, y encontrarán; llamen, y se les abrirá. Porque todo el que pide, recibe; el que busca, encuentra; y al que llama, se le abre. ¿Quién de ustedes, si su hijo le pide pan, le da una piedra? ¿O si le pide un

pescado, le da una serpiente? Pues si ustedes, aun siendo malos, saben dar cosas buenas a sus hijos, ¡cuánto más su Padre que está en el cielo dará cosas buenas a los que le pidan!»

Dios está ansioso por darnos mucho más de lo que imaginamos y más de lo que podemos pedir, porque nosotros pedimos según lo que conocemos y según lo que deseamos, pero Dios quiere darnos de manera extraordinaria. Por eso en 1 Corintios 2.9 leemos: *«... Ningún ojo ha visto, ningún oído ha escuchado, ninguna mente humana ha concebido lo que Dios ha preparado para quienes lo aman».*

Conozcamos al Padre conociendo la Palabra que ya nos dio, para poder reconocer que son verdaderas aquellas cosas que todavía no nos ha dado. Y permanezcamos en su presencia para conocer su voz cuando lleguen las cosas nuevas.

Anímate a leer la Biblia con los ojos amorosos de Dios, encuentra sus promesas y reclámalas con inteligencia, porque son tu herencia.

Cuando conozcas las promesas de Dios, párate sobre ellas. No las dejes ir. Construye tu fe y tu esperanza sobre ellas. Recúbrete de esperanza con la palabra de Dios, y no la sueltes. Ármate para la batalla de todos los días con la palabra de esperanza de Cristo Jesús para quienes los aman y obedecen.

Efesios 6.10-18 nos recomienda:

«...fortalézcanse con el gran poder del Señor. Pónganse toda la armadura de Dios para que puedan hacer frente a las artimañas del diablo. Porque nuestra lucha no es contra seres humanos, sino contra poderes, contra autoridades, contra potestades que dominan este mundo de tinieblas, contra fuerzas espirituales malignas en las regiones celestiales. Por lo tanto, pónganse toda la armadura de Dios, para que cuando llegue el día malo

puedan resistir hasta el fin con firmeza. Manténganse firmes, ceñidos con el cinturón de la verdad, protegidos por la coraza de justicia, y calzados con la disposición de proclamar el evangelio de la paz. Además de todo esto, tomen el escudo de la fe, con el cual pueden apagar todas las flechas encendidas del maligno. Tomen el casco de la salvación y la espada del Espíritu, que es la palabra de Dios. Oren en el Espíritu en todo momento, con peticiones y ruegos. Manténganse alerta y perseveren en oración por todos los santos».

Armados con buenos pensamientos, verdades eternas y sabiduría del cielo, es que pelearemos la buena batalla ¡y la ganaremos!

> Armados con buenos pensamientos, verdades eternas y sabiduría del cielo, es que pelearemos la buena batalla ¡y la ganaremos!

Cristo nos advirtió que tendríamos desafíos, ¡pero también nos aclaró que junto a él podríamos vencer! ¿Pero qué sucede si en medio de la batalla comenzamos a desprendernos de la armadura, tiramos la espada, dejamos caer el escudo...? ¿Cómo podremos salir vivos de ella? Cuantos más ataques recibimos, más debemos aferrarnos a la palabra de Dios, porque ya aprendimos que es eficaz y fiel, y entonces sabemos que es nuestra garantía de victoria.

En muchos juegos de video, lo primero que necesitamos para sobrevivir es recolectar todo tipo de elementos para protegernos, y, en especial, alimento y vidas. Es sabido que sin las herramientas básicas no se puede llegar muy lejos. Nosotros tenemos en el Señor la posibilidad de acudir a una fuente inagotable de abastecimiento. Dios es pan de vida, su Palabra es nuestra protección, y su Espíritu nos da la vida. ¿A dónde más iremos?

Aunque nos crean locos, aunque parezcamos paranoicos, ¿a dónde iremos si no es a Jesús? ¿Quién más puede ofrecernos esta clase de protección y sustento? Cristo es la roca de nuestra salvación de donde viene nuestro socorro. Como dice Salmos 62.1-2: *«Sólo en Dios halla descanso mi alma; de él viene mi salvación. Sólo él es mi roca y mi salvación; él es mi protector. ¡Jamás habré de caer!»*

Entonces primero debemos buscar sus promesas, después debemos pararnos sobre ellas y convertirlas en nuestra armadura, y luego debemos proclamarlas a los cuatro vientos para que vuelvan a entrar por nuestros oídos, y para tener testigos que nos hagan sentir responsables de mantener el rumbo.

El poder de nuestras palabras es inmenso. Proverbios 18.21 nos advierte: *«En la lengua hay poder de vida y muerte; quienes la aman comerán de su fruto».* ¡Proclamar las promesas de Dios en voz audible nos alimenta con palabras de vida, llena nuestro corazón de esperanza y aumenta nuestra fe!

Incluso conozco a personas que pasan días en silencio para ejercitarse en dominar la lengua, ya que es una de las cosas más difíciles de lograr (Santiago 3.7-8). Incluso es un arma tan poderosa que es importante tenerla bajo control.

Fíjate en lo que dice Hebreos 4.12: *«Ciertamente, la palabra de Dios es viva y poderosa, y más cortante que cualquier espada de dos filos. Penetra hasta lo más profundo del alma y del espíritu, hasta la médula de los huesos...»*

La palabra de Dios siembra vida aun donde hay muerte. Proclamarla con nuestros labios, escuchándonos a nosotros mismos darle alabanzas, reconociendo su poder y su fidelidad, levanta el alma, nos llena de paz y penetra hasta lo más profundo de nuestro ser.

En Salmos 51.15-17 leemos: *«Abre, Señor, mis labios, y mi boca proclamará tu alabanza. Tú no te deleitas en los sacrificios, ni te complacen los holocaustos; de lo contrario, te los ofrecería. El*

sacrificio que te agrada es un espíritu quebrantado; tú, oh Dios, no desprecias al corazón quebrantado y arrepentido».

Y mira lo que dice en Salmos 71.14-16: *«Pero yo siempre tendré esperanza, y más y más te alabaré. Todo el día proclamará mi boca tu justicia y tu salvación, aunque es algo que no alcanzo a descifrar. Soberano Señor, relataré tus obras poderosas, y haré memoria de tu justicia, de tu justicia solamente».*

¡Repite las promesas de Dios todos los días! Hazlo como un ejercicio de fe. Canta alabanzas al Señor que proclamen su grandeza, y tu espíritu se elevará y el Señor renovará tus fuerzas y penetrará hasta lo más profundo de tu ser llenándote de su presencia.

HUMILDAD
(mansedumbre)

«*Humildad no es pensar menos de ti, sino pensar menos en ti*».

C. S. Lewis

«*El Señor... muestra su favor a los humildes*».

Proverbios 3.34

La palabra en el original griego, *Prautes,* describe a la persona que no se agita ante la crítica y el maltrato y no necesita la adulación ni la ostentación. En el ámbito de las relaciones, la vanagloria provoca a la competencia y, en cambio, la humildad llama a la colaboración. La persona humilde tiene un efecto armonizador, y desencadena las sensaciones opuestas que produce la persona narcisista, aquella que está más pendiente de las apariencias que de la belleza interior.

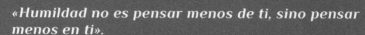 La vanagloria provoca a la competencia y, en cambio, la humildad llama a la colaboración

Los humildes siempre tienen un lugar destacado desde la perspectiva del cielo. Según la palabra de Dios, y contrario a la interpretación popular, los humildes son las personas que tienen la mejor autoestima. Y es que están tan seguros de ser quienes son y de creer lo que creen, que no se sienten tentados a tener que demostrarlo.

Las personas bellas no se sienten amenazadas ni intimidades por la belleza de otros. Quienes brillan por dentro confían en los demás, y al creer en los demás los motivan y liberan su potencial. Estas personas dan ánimo a otros porque saben que sus amigos crecen según las expectativas de quienes los rodean, y entonces los fortalecen para que ellos también puedan perseverar y avanzar.

Cuando alguien se siente menos que sus amigos siente temor de perder esa amistad. Una persona con temor necesita constantemente recordarles a los demás que él está por encima de ellos. Entonces los limita, los acorrala y los domina a través de la culpa.

Quizás hayas notado que muchos líderes hoy buscan títulos cada vez más grandes y más «santos» para verse y sentirse importantes. Hay líderes cristianos que se rodean de un grupo selecto de personas que tienen acceso a su presencia, y nunca se mezclan con «la gente», como una estrategia para provocar admiración e intriga. Crean una distancia fantasiosa entre ellos y el resto de la iglesia para hacer creer que ellos están más cerca de Dios y que los demás aun tienen mucho que aprender. Ellos quieren demostrar que son «ungidos», que tienen un poder especial, ¡y hasta a veces piden que no los toquen!

Sin embargo Santiago 4.6 remarca: *«Dios se opone a los orgullosos, pero da gracia a los humildes».*

Ninguna persona soberbia, nadie que esté lleno de sí mismo, que sienta que necesita ser más que otros para tener éxito, tendrá nunca una sensación de bienestar y paz en su interior.

Es notable que la Biblia hable con tanta frontalidad de la falta de humildad. En 2 Timoteo 3.1-5 se nos advierte:

«Ahora bien, ten en cuenta que en los últimos días
vendrán tiempos difíciles. La gente estará llena de
egoísmo y avaricia; serán jactanciosos, arrogantes,
blasfemos, desobedientes a los padres, ingratos,

impíos, insensibles, implacables, calumniadores, libertinos, despiadados, enemigos de todo lo bueno, traicioneros, impetuosos, vanidosos y más amigos del placer que de Dios. Aparentarán ser piadosos, pero su conducta desmentirá el poder de la piedad. ¡Con esa gente ni te metas!».

Terribles palabras, ¿cierto?

Jesús es, fue y será la principal estrella del universo, y sin embargo le huía a los reconocimientos sin sentido. En Juan 6.15 dice: *«Pero Jesús dándose cuenta que querían llevárselo a la fuerza y declararlo rey, se retiró de nuevo a la montaña él solo».* Satanás también lo tentó con eso cuando Jesús ayunó por 40 días en el desierto. Pero no logró convencerlo.

Jesús podría haber mostrado todo su poder bajándose de esa cruz, pero no hubiera cumplido su propósito si lo hacía. Él podría haberse vanagloriado de su triunfo en las calles y haberse presentado victorioso frente a los gobernantes que lo crucificaron y haber creado un gran show de poderes interestelares. Pero no necesitaba eso, porque él sabía para qué había venido.

Cuando ponemos toda nuestra confianza en Dios, sabemos quiénes somos, a dónde vamos y qué queremos lograr. No necesitamos hacer un show de nosotros mismos. Y cuando nos sentimos personas seguras y libres, con nuestros aciertos y nuestros errores, entonces podemos levantar con tranquilidad a otras personas que lograrán mucho más de lo que nosotros logramos. La humildad es una belleza exótica que se halla en pocas personas, y por eso es tan valorada cuando se la encuentra.

CONSEJO

18

Masajea tu seguridad

«Humildad es la habilidad de resistir al orgullo sin perder la dignidad».

Vanna Bonta

«No hagan nada por egoísmo o vanidad; más bien, con humildad consideren a los demás como superiores a ustedes mismos. Cada uno debe velar no sólo por sus propios intereses sino también por los intereses de los demás».

Filipenses 2.3-4

Cuando hablamos de humildad, la mayoría de nosotros nos imaginamos a alguien pobre, que no tiene demasiados recursos, y llamamos a ese estado «humildad». Si bien el significado del diccionario menciona algo de esto, por el uso habitual que la gente le da a la palabra, la humildad que es fruto del Espíritu Santo tiene mucha más potencia y belleza. La verdadera humildad tiene que ver con abundancia y no con escasez.

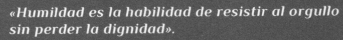 La verdadera humildad tiene que ver con abundancia y no con escasez.

La humildad se hace presente cuando, teniendo más que otros, o teniendo una posición de mayor importancia o reconocimiento, no me elevo sobre ellos, sino que sirvo de plataforma para elevar a otros. Ser pobre es una condición material y social, pero la verdadera humildad es una condición interna del corazón generoso, que se despoja a sí mismo de sus posibles logros y virtudes y se brinda a los demás desinteresadamente.

Humildad tampoco tiene nada que ver con el ser humillados. No se trata de mantenerse con baja autoestima. Quien cree que un cristiano debe comportarse como alguien sin valor ni ambición, no ha entendido demasiado de la experiencia cristiana ni ha leído demasiado la Biblia. Los cristianos somos aquellos pocos que hemos entendido quiénes somos desde una dimensión eterna. Hemos entendido quién nos ha llamado, y podemos abrazar el valor que tenemos para el ser más importante del universo. Eso nos hace tan seguros de nosotros mismos que no necesitamos desmoralizar a nadie para elevarnos, y tampoco necesitamos ostentar lo que tenemos, porque sabemos todo que es por gracia de Dios.

Si prestas atención te habrás dado cuenta que el hombre más poderoso de todos los comics y las historias de ficción se destaca también, por su humildad. ¿Su nombre? Clark Kent. ¡Sí, Superman! Disfrazado para mezclarse entre la gente, Clark Kent esconde sus poderes y hasta se muestra inseguro y cobarde, haciendo pensar a sus compañeros de trabajo que cuando la acción se presenta él desaparece de escena. Claro, todos sabemos que reaparece como Superman, para salvar a la humanidad o a Luisa Lane de alguna tragedia. Pero Superman no tiene problema en que pienses que es totalmente lo contrario a lo que realmente es, así que se viste de humildad y esconde todos sus superpoderes tras un par de lentes y un traje de oficina.

Seguro hay mejores ejemplos, pero todos conocemos la historia de Superman y sabemos que cualquier niño preferiría ser Superman las 24 horas del día, y que el mundo lo aplauda y lo elogie y reconozca sus increíbles proezas. Solo un adulto maduro, que considera su misión más importante que el aplauso de la gente, estaría dispuesto a mezclarse con la gente y colaborar para que otros escriban las noticias por ellos.

Superman, la Mujer Maravilla y casi todo el resto del universo de superhéroes clásicos también sabían que si querían formar relaciones fuertes y amistades duraderas necesitaban ser humildes y compartir la atención con los demás. Es muy probable que la gente a su alrededor no hubiera resistido convivir con un superhéroe capaz de lograr todo solo, siendo siempre mejor que todos los demás y con un peinado perfecto hasta cuando se levanta de dormir. (Por cierto, ¿Superman duerme?) Sea como sea, ¡qué aburrido sería ser Superman todo el tiempo!

En el mundo real, quien trata de mostrarse súper héroe todo el tiempo, pierde la confianza de la gente. Cuando necesitamos hablar constantemente de nosotros mismos, de las cosas que logramos y de lo importante que es nuestro aporte, en realidad eso se trata de un intento desesperado por ganarnos el respeto de los demás para sentirnos seguros.

En el evangelio de Mateo vemos que Jesús les enseño a sus discípulos:

«Cuídense de no hacer sus obras de justicia delante de la gente para llamar la atención. Si actúan así, su Padre que está en el cielo no les dará ninguna recompensa. Por eso, cuando des a los necesitados, no lo anuncies al son de trompeta, como lo hacen los hipócritas en las sinagogas y en las calles para que la gente les rinda homenaje. Les aseguro que ellos ya han recibido toda su recompensa. Más bien, cuando des a los necesitados, que no se entere tu mano izquierda de lo que hace la derecha, para que tu limosna sea en secreto. Así tu Padre, que ve lo que se hace en secreto, te recompensará. »Cuando oren, no sean como los hipócritas, porque a ellos les encanta orar de pie en las sinagogas y en las esquinas de las plazas para que la gente los vea. Les aseguro que ya han obtenido toda su recompensa. Pero tú, cuando te pongas a orar, entra en tu cuarto, cierra la puerta y ora a tu Padre, que está en lo secreto. Así tu Padre, que ve lo que se hace en secreto, te recompensará. Y al orar, no hablen sólo por hablar como

hacen los gentiles, porque ellos se imaginan que serán escuchados por sus muchas palabras. No sean como ellos, porque su Padre sabe lo que ustedes necesitan antes de que se lo pidan»

(Mateo 6.1-8).

Como siempre, Jesús fue muy directo con sus palabras...

Lo contrario de la humildad es una mala autoestima. En un sentido práctico, no es el orgullo sino la soberbia, porque la soberbia tiene que ver directamente con ponernos por encima de los demás y alardear de nuestros logros o habilidades para que otros se sientan inferiores. Como dice mi esposo: «Hace falta mucho orgullo para ser realmente humilde». ¡Es una gran verdad!

Tu seguridad debe estar en Cristo. En la identidad que Dios te asignó. En tener presente que él te creó con un propósito, y que tienes la posibilidad de bendecir a las personas a tu alrededor como nadie más lo puede hacer.

Para masajear nuestra seguridad debemos mirarnos al espejo del amor incondicional de Dios. Debemos recordar su misericordia y tener en claro que es por gracia que somos quienes somos, y que Dios pagó un precio despampanante para hacernos suyos. ¡Sí! Piensa que la sangre de Cristo fue el precio que Dios pagó para hacerte su propiedad. Él te ama como a su propio hijo, y tienes la posibilidad de ser la repuesta la oración de muchas personas con tus acciones.

Así como no debes hacer nada para ganarte el amor de la persona más importante del universo, aprende también tú a amarte como él te ama. Respeta quién eres y abraza tus habilidades al igual que tus debilidades. Eso te hará una persona segura y con la belleza de la humildad.

CONSEJO

19

Resalta las virtudes de otros

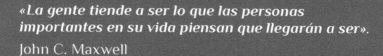

«*La gente tiende a ser lo que las personas importantes en su vida piensan que llegarán a ser*».

John C. Maxwell

«*...que sus palabras contribuyan a la necesaria edificación y sean de bendición para quienes escuchan*».

Efesios 4.29

Todas las personas necesitan sentirse importantes. Quienes dicen lo contrario es porque han vivido demasiado tiempo creyendo que no son capaces de lograr nada, y entonces tratan de disimular a toda costa su desesperada necesidad de sentirse útiles y especiales. En el fondo sienten terror al rechazo, y por lo tanto necesitan aun más afirmación y aprobación. Muchos buscan ese sentimiento de importancia con ropa cara, lujos innecesarios y auto-elogios permanentes.

El cuidado y el interés de otros tienen el poder de transformar nuestras vidas. Por eso quienes de niños recibieron rechazo suelen ser personas que continuamente rechazan.

Hace poco vi en la TV uno de esos programas en los que un entrenador personal ayuda a una persona obesa a bajar hasta cientos de libras en pocos meses. En esta ocasión, el entrenador se mudaba con su paciente por tres meses, para trabajar con él y enseñarle a alimentarse balanceadamente. El alumno, que sufría de obesidad, logró la meta de bajar 45 kg en ese período de tiempo.

Pero lo que sucedió luego fue lo que más llamó mi atención. En los siguientes tres meses el entrenador lo dejaba solo, para que su paciente pusiera en práctica todo lo aprendido y pudiera seguir con sus rutinas de ejercicios y alimentos por sí mismo. ¿Qué sucedió? En esos siguientes tres meses el alumno solamente logró bajar 20 kg.

¿Cuál fue la diferencia? ¿Por qué en los primeros 3 meses bajó más del doble que en los siguientes 3 meses? En este caso no fue por que él ya hubiera bajado lo suficiente, sino que la diferencia fue no recibir motivación continua. Él no tenía a esta persona a quien admiraba diciéndole constantemente que él podía hacerlo, que era capaz y que lo merecía. Su autoestima pobre lo había llevado a la obesidad en primer lugar, y aun después de haber bajado 45 kg su mente le seguía diciendo que él solo no podía.

Entonces el entrenador volvió y puso en perspectiva las prioridades y la motivación del hombre. Lo enfocó en quién era él, y en cómo su peso no lo definía. Finalmente el competidor logró perder un total de 150 kg en 12 meses.

Elogiar las virtudes de quienes nos rodean, levantarlos y afirmar en ellos sus cualidades positivas, destacar sus logros, o simplemente decirles que pueden lograr lo que se propongan, puede cambiar drásticamente el futuro de esas personas. Y muy probablemente el nuestro también.

Pero resaltar las virtudes de nuestros amigos no es siempre fácil. Nos encontraremos muchas veces dando a otros el apoyo moral que nosotros quisiéramos recibir, y aunque *«Hay más dicha en dar que en recibir»* (Hechos 20.35), no se puede dar lo que no poseemos. Felicitar a alguien por sus logros cuando nosotros no pudimos lograr lo que nos propusimos no es tarea fácil. Cuando un amigo se gradúa y nosotros pospusimos la carrera, cuando una amiga queda embarazada y nosotras esperamos con ansias el poder dar la misma noticia, cuando los hijos de los demás siempre se destacan, cuando tus amigos anuncian su compromiso y tú no tienes a nadie siquiera en vista, cuando otros reciben un aumento de salario sin mucho esfuerzo, todas esas son circunstancias en las que no resulta sencillo alegrarse con quien se alegra.

Por eso la humildad es una perla tan preciada por todos. Esas personas que se alegran cuando quizás «no deberían» son las que todos buscamos y admiramos. Pero esto no sale de manera natural. Es un ejercicio. Un ejercicio que nos va convirtiendo en personas bellas, porque nos enseña a controlar cualquier instinto de no desearles lo mejor a los demás.

> Todos necesitamos recibir estímulo y todos debemos dar estímulo

Todos necesitamos recibir estímulo y todos debemos dar estímulo. Confirmarles a otros que van por buen camino puede ser contraintuitivo cuando nunca lo hicieron con nosotros, pero vale la pena. En ambas direcciones.

Necesitamos encontrar amigos que nos levanten cuando haga falta. Y también necesitamos poder apoyarnos en nuestra familia. Claro, a la familia no podemos elegirla, con excepción de a tu pareja, ¡pero a los amigos definitivamente debemos aprender a elegirlos bien! Hay personas que te secan y personas que te riegan; personas que te nutren y personas que te drenan.

Por supuesto, como dijimos antes, debemos buscar personas a las cuales servir. Pero también debemos asegurarnos de tener cerca a esas otras personas, las que nos levantan, porque de otro modo acabaremos sin fuerzas para servir a los necesitados. En esto, como en todo, la clave para tener buenos amigos es ser un buen amigo primero. ¡Levanta y anima a los que te rodean!

No hace mucho estaba cenando con unos amigos, y nos pusimos a hablar de nuestras personalidades y de cómo cada uno había brillado para los demás dentro de sus inclinaciones. Estas conversaciones son inusuales, pero hay que saber provocarlas porque son necesarias. Yo estaba afirmando a mis amigos en sus logros, recordándoles cosas que habían pasado y cómo habían salido adelante, y luego llegó el turno de que hablaran de mí y una de mis amigas me miró y me dijo: «Valeria, yo sé que vas a seguir floreciendo con mucha fuerza, y que vas a abrirte a más posibilidades y brillar como nunca te lo imaginaste». «¡Wow!», pensé, y caí en cuenta de lo hermoso de lo que me estaban diciendo, pero también de la enorme responsabilidad que ponía sobre mis hombros. Incluso me dio algo de temor, porque me di cuenta que quizás esta amiga estaba esperando algo más de mí de lo que yo creo que puedo lograr...

Para serte muy sincera, en ocasiones he sentido que, teniendo un esposo tan exitoso como lo es Lucas, no es difícil que los demás esperen más de mí. Eso a veces me ha generado ansiedad. Yo estoy muy agradecida, porque considero que he tenido una vida muy completa, color de rosas podría decir. Pero al revisar nuestra historia me doy cuenta que la he *sentido* color de rosa porque he sido feliz, porque tuve estimulo en mi vida, y no porque no hayamos tenido dificultades serias.

A todos nos falta mucho por alcanzar. Eso me da alegría, porque no hay nada más insulso que no tener un propósito en la vida, no tener metas, o pensar que ya hicimos todo lo que teníamos que hacer. Las palabras de afirmación de mi amiga animaron mi corazón, porque su confianza en mí potencial me dio seguridad en mí misma. Y que yo tenga esa opinión sobre mí es importante para que pueda seguir dando amor a los demás.

Cuando levantamos a otros, crecemos también nosotros

Levantar a otros no tiene nada que ver con minimizarnos nosotros mismos. Al contrario. Cuando levantamos a otros, crecemos también nosotros. La gente aprecia nuestras palabras y quiere estar cerca nuestro. A mi no se me ocurre mejor cometido para mi vida que levantar a quienes están a mi alrededor. Si las personas que pasan un rato conmigo se sienten más miserables cuando se van, es porque algo está mal conmigo. ¡Yo quiero que las personas a mí alrededor se vayan de mi lado llenas de esperanza, motivación y alegría!

Cuando nos habituamos a levantar a quienes están a nuestro alrededor, ellos estarán ahí para levantarnos cuando nosotros lo necesitemos. Por eso es tan vital invertir tiempo en nuestras relaciones, comenzando por casa. Cuando una persona que nos reconoce como importantes escucha nuestras palabras, eso produce un cambio drástico en su mente.

Recuerdo el asombro que me dio cuando encontré en la casa de mi esposo una carta que su mamá le había escrito antes de que él naciera. Decía cuánto lo estaban esperando, y cómo el Señor los había bendecido con su presencia, aun sin que todavía hubiera nacido. Pero lo que más me sorprendió fue que en esa carta su mamá le aseguraba a Lucas que él sería un líder. La carta decía que escogería una carrera donde influenciaría a miles de personas, y que ella siempre estaría orgullosa de sus grandes logros. ¡Me quedé perpleja! Yo entonces era muy jovencita, y pensé cómo una madre puede poner semejante peso encima de su bebé. Carmen crio a Lucas con una alta expectativa y siempre esperando lo mejor de él, pero la otra clave es que lo hizo con un amor incondicional. No estoy exagerando: Lucas probó a mi suegra *cada día* durante toda su adolescencia, y ella siempre le demostró su amor incondicional. Lucas sabía que su mamá creía fielmente que él llegaría a ser un gran líder, y hoy, muchos años después, miles de personas consideran así al hijo de Carmen.

Lo que nosotros decimos o dejamos de decir a los demás puede crear una fortaleza incomparable o un vacío difícil de llenar. Y cuánto más peso tengamos en su vida, tanto más sucede esto.

John Maxwell, en su ya clásico libro «Desarrolle los líderes que están alrededor de usted», dice: *«Los líderes están en posición de proveer a sus discípulos un ambiente de seguridad en el cual puedan crecer y desarrollarse. Un líder potencial que se siente seguro está más ansioso de tomar riesgos, de tratar de sobresalir, de abrir nuevos horizontes y de triunfar. Los líderes grandiosos hacen que sus seguidores se sientan más grandes de lo que son. Estos rápidamente empiezan a pensar, actuar y producir mejor de lo que son. Finalmente se convierten en lo que piensan que son».*

Prestemos atención a las pequeñas virtudes de la gente, para que dejen de ser pequeñas y comiencen a ser más grandes. Nunca te ahorres elogios. No tengas temor de que la gente «se agrande», porque ellos necesitan que lo hagas tú para no tener que hacerlo ellos mismos. Anima. Estimula. Destaca. Afirma. Corrige en privado y celebra los logros de los demás en las terrazas, en los escenarios y en los balcones.

DOMINIO PROPIO
(templanza)

> «El dominio propio es saber elegir entre lo que
> desea mi carne hoy y lo que desea mi alma para
> el futuro».
>
> Anónimo
>
> «Depositen en él toda ansiedad, porque él cuida
> de ustedes. Practiquen el dominio propio y
> manténganse alerta...».
>
> 1 Pedro 5.7-8

La palabra griega *Enkrateia* expresa victoria sobre las reacciones naturales y las tendencias carnales. A lo largo de toda la Biblia encontramos que el dominio propio es una de las virtudes *top* de las personas victoriosas. Por ejemplo, se nos dice que el que domina su lengua conquista su mundo (Proverbios 18.21) y más vale quien se enseñorea de su espíritu, que el que toma una ciudad (Proverbios 16.32). Quien posee *Enkrateia* no se deja manipular por nadie ni se deja llevar por las sensaciones del momento.

Un pastor de una linda iglesia en Nueva York llamado Tim Keller describe al dominio propio como «la capacidad de elegir lo importante antes que lo urgente, movidos por el deseo de agradar a Dios».

El dominio propio es probablemente la virtud que desata todas las otras virtudes y logra que sean posibles en nuestras vidas.

Aquí quiero hacer un alto para asegurarme de dejar en claro que no estamos hablando exclusivamente de una fuerza de voluntad personal, sino de una poderosa combinación entre nuestra determinación y el poder de Dios en nuestras vidas. Como decía Pablo en Filipenses 4.13: «*Todo lo puedo*» pero «*en Cristo que me fortalece*». Ahí está precisamente el gran milagro del fruto del Espíritu Santo: nosotros ponemos nuestra parte, y Dios completa y complementa nuestro esfuerzo con su provisión sobrenatural.

El punto de partida para aprender a ejercitar el dominio propio y fortalecer sus músculos es entender que si solamente tomamos nuestras decisiones basados en sensaciones, entonces no estamos seguros. ¡Necesitamos la ayuda de Dios! Debemos conocer sus verdades y confiar en el Señor, y más de una vez tenemos que hacer lo que *no* haríamos según nuestra propia opinión o nuestro instinto.

Aquí se aplica también lo que hablamos en el capítulo sobre encauzar las emociones. ¿Recuerdas lo que hablamos acerca del consejo popular de «haz lo que dicte tu corazón»? Suena muy romántico en una novela, una película o canción... ¡pero es una tontería en la vida real! Como te dije anteriormente, el lugar que concentra la mayor cantidad de gente que hizo lo que le indicaba su corazón es la cárcel. Para ponerte otro ejemplo, si los deportistas profesionales solo siguieran su corazón, no entrenarían jamás, dormirían y comerían desordenadamente como cualquier otro mortal, y probablemente ya hubieran abandonado la profesión al primer fracaso. El dominio propio es lo que logra que el corazón siga a la razón, y no a la inversa.

> ❝ El verdadero secreto del dominio propio es que deje de ser propio; que le demos el dominio al Señor

Morir a nuestras propias tendencias requiere un esfuerzo cotidiano. Debemos ejercitarnos en esto día tras día. Aunque quizás en un tiempo, después de mucha práctica, nos demos cuenta que ha quedado poco de nuestra persona natural y que finalmente logramos cederle las riendas a Cristo. Al fin y al cabo, el verdadero secreto del dominio propio es que deje de ser *propio*; que le demos el dominio al Señor. Darle el dominio de todo nuestro ser al Espíritu Santo es un desafío continuo. Y es difícil. Pero es el desafío más trascendente de nuestras vidas, y el que da los mejores resultados.

CONSEJO
20

Evita las tentaciones

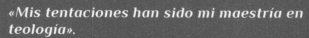

> «Mis tentaciones han sido mi maestría en teología».
> Martín Lutero
>
> «Huye de las malas pasiones de la juventud, y esmérate en seguir la justicia, la fe, el amor y la paz, junto con los que invocan al Señor con un corazón limpio».
> 2 Timoteo 2.22

No hay manera más poderosa de evitar las tentaciones que huir de ellas. No acercarnos a lo que ya sabemos que nos cuesta resistir es entrar a un juego con puntos a favor. Cuando la tentación se asoma a nuestras vidas, ¡debemos correr en la dirección contraria sin siquiera mirarla a los ojos!

Todos tenemos tentaciones, básicamente porque somos pecadores. Pero es interesante notar que aun Jesús tuvo tentaciones. ¿Por qué fue tentado si no tenía pecado en él? Porque tenía planes y propósitos, y junto con ellos siempre viene una mochila de deseos.

Si prestas atención a la escena en la que Jesús fue tentado, te darás cuenta de que lo que el diablo le ofreció era precisamente lo que Jesús había venido a buscar a la tierra. Por eso Jesús tuvo que resistir la oferta del diablo, ¡porque era un atajo! El engaño consistía en tentarlo a obtener esas cosas en los términos del diablo y no en los de Dios.

En cierto sentido, si lo pensamos, todas las tentaciones son atajos. Por ejemplo, experimentar tentaciones con la sexualidad tiene que ver con el deseo de intimidad y el placer que producen en el cuerpo las relaciones sexuales. El que tengas esa tentación es normal, y de hecho es diseño de Dios, porque Dios te hizo para la intimidad y le dio a tu cuerpo zonas erógenas con las que experimentas placer. Así que el problema no es que desees esas cosas, sino que busques obtenerlas según tus instintos y fuera del tiempo apropiado, en vez de seguir el inteligente plan de Dios.

Todas las tentaciones son atajos

Recuerdo una de las primeras veces que fui de vacaciones con amigos, sin mi familia. Fuimos a la playa. Los papás de unos de ellos estaban a cargo, y por eso mis papás me dieron permiso para ir. Pero, como todos los adolescentes, también mis amigos y yo quisimos experimentar la independencia e hicimos unas cuantas tonterías durante esas vacaciones... Recuerdo una noche en que salimos a cenar y pedimos una cerveza de litro... ¡para cada uno! No solo no las pudimos terminar, porque era demasiado, sino que al ser tan grandes no las podíamos tomar rápido, y al ratito, por el calor, ya eran intomables ¡Que inmaduros! Ninguno de nosotros tenía cultura alcohólica ni pretendíamos emborracharnos... fue simplemente... querer ser adultos sin hacerle caso al consejo de la experiencia. Incluso una de las chicas quiso mostrarse más fuerte que los demás y se tomó toda su botella, y luego estaba alcoholizada y comenzó a portarse de manera sumamente agresiva. Se enojó con todos, y hasta nos soltó algunos insultos. Luego de eso la salida se terminó rápido, pero lo que no pasó pronto fue su vergüenza por lo que había sucedido.

Cederle el control al descontrol nunca trae buenas consecuencias

El punto es que, aunque tengamos que luchar contra nuestra naturaleza, cederle el control al descontrol nunca trae buenas consecuencias. En 1 Juan 2.15-16 se nos dice: «*No amen al mundo ni nada de lo que hay en él. Si alguien ama al mundo, no tiene el amor del Padre. Porque nada de lo que hay en el mundo los malos deseos del cuerpo, la codicia de los ojos y la arrogancia de la vida proviene del Padre sino del mundo».* Si soy consciente de mis tendencias pecaminosas es más fácil mantenerlas en el puerto y saber de qué debo alejarme, para entregarme a la obra del Espíritu Santo en mí.

Deshonrar al Señor, cediendo el control de nuestras acciones a una sustancia, jamás es una buena idea. Incluso cederlo a otra persona que no sea Dios es una mala idea. Si le llamamos Señor y Rey es porque entendemos que no podemos tener otro Señor ni otro Rey, ya que nadie puede servir a dos señores (Lucas 16.13).

La Biblia enseña que*: «El ojo es la lámpara del cuerpo. Por tanto, si tu visión es clara, todo tu ser disfrutará de la luz».* (Mateo 6.22). Estas palabras de Jesús podrían ser la inspiración para el dicho popular: «Tus ojos son una ventana hacia tu alma». Pero, ¿sabías que tus ojos también son una ventana hacia tu cerebro? Tu cerebro básicamente toma una fotografía de todo lo que ves y lo almacena en tu mente, y por eso uno de los secretos para esquivar la tentación es proteger a tus ojos de ver cosas malas.

Desafortunadamente, hay cosas malas casi en todas partes. Tan solo piensa en todo lo que has visto en la televisión, en películas, o incluso en persona, y tomate unos segundos para hacer este experimento: Cierra tus ojos y visualiza todo lo que hay dentro de tu mente. Estoy casi segura de que verás alguna imagen o escena no muy pura. Esas cosas, precisamente, son las que debemos evitar.

Algunos jóvenes creen que el mejor tiempo de sus vidas es cuando pierden el control en alguna fiesta, y a mí me da mucha tristeza porque he visto el antes y el después en varias oportunidades, y las consecuencias de haberse descontrolado siempre rebajan a las personas. En Estados Unidos, por ejemplo, miles de jóvenes lastiman sus vidas cada año durante el receso de primavera. A unas pocas semanas de la graduación, muchos universitarios salen de «spring break» a las playas más populares, donde distintas empresas les organizan conciertos al aire libre, entretenimientos y deportes sobre la arena. Eso suena bien, pero la realidad es que estas vacaciones son más conocidas por las fiestas descontroladas, y por la cantidad de alcohol y drogas que se consumen. En nombre de «estaba borracho» o «estaba drogado» se cometen las mayores atrocidades que te puedas imaginar: violaciones, violencia, y muertes totalmente evitables. Todos saben que estas cosas pasan. Lo vemos en las noticias y en las historias que se cuentan. Sin embargo en casi todas las películas sobre universitarios se glorifican esos años de inconsciencia y descontrol como si fuera lo mejor que alguien pudiera experimentar.

Las estadísticas publicadas por el Instituto Nacional del Abuso de Alcohol y el Alcoholismo de los Estados Unidos muestran que, tan solo en este país, unos 1825 jóvenes de entre 18 y 25 años mueren cada año en accidentes relacionados con el exceso de alcohol. Y sabemos que las cifras son similares en todo el mundo de habla hispana. El mayor riesgo es la intoxicación que produce la cantidad de alcohol en la sangre. Más de 690.000 estudiantes son agredidos por otros estudiantes de entre 18 y 25 años alcoholizados. Más de 67.000 estudiantes son violados o molestados sexualmente. Más de 599.000 estudiantes de esas edades reciben tratamiento por alguna lesión involuntaria causada por la falta de juicio que produce el exceso de alcohol. Y estos números se van a la luna si sumamos los efectos de las drogas.

Hay personas que son tan débiles que ceden el control a las sustancias para así justificar sus peores decisiones. ¿Qué belleza puede haber en esta debilidad?

1 Corintios 10.13 dice *«Ustedes no han sufrido ninguna tentación que no sea común al género humano...»*. Ser tentados es normal, y no debemos creer que ser tentados es sinónimo de ya haber pecado. Insisto en esto porque yo hubiera agradecido mucho tener bien claro cuanto antes en mi vida que no es pecado ser tentados. ¡Pecado es ceder a la tentación! Martin Lutero decía: «No pueden impedir que los pájaros vuelen encima de su cabeza, pero pueden impedir que hagan un nido en su pelo».

Cada uno debe examinarse, reconocer cuál es su flaqueza, ¡y huir! Si prestas atención, la Biblia dice que debemos huir del pecado y resistir al diablo, pero nosotros muchas veces invertimos el orden: ¡queremos huir del diablo y resistir el pecado, y no funciona así!

Los que hacemos dietas para adelgazar sabemos lo malo que es ir al supermercado con hambre, o estar en la calle por horas sin haber probado bocado. ¡Lo más probable es que terminemos comiendo algo que sabemos que no será bueno para nuestro cuerpo! Lo sabemos, pero más de una vez el hambre nos agarra desprevenidos. No importa cuántas dietas intentemos, si no estamos dispuestos a esquivar la tentación con un plan estratégico, ¡nunca vamos a lograrlo!

¿A qué me refiero con «un plan estratégico»? Depende de cuál sea tu tentación. Me refiero a no quedarte a solas en una habitación con la persona por quien te late el corazón, si es que todavía no te casaste. Me refiero a nunca aceptar tener nada que no sea tuyo sin que el dueño sepa oficialmente que lo tienes o sin dejar algún testigo de que lo tomaste. A no comprar comida alta en calorías para almacenar en la cocina para alguna oportunidad que no sabes ni cuál será... y a no permitir que la compre quien cocina en tu casa tampoco, si de verdad te urge adelgazar. A sacar la computadora de tu habitación si tienes problemas con la pornografía. Y a cambiar de amigos si te das cuenta que más que amigos son personas que buscan cómplices para sentirse menos culpables a la hora de dar rienda suelta a sus debilidades.

Siempre hay maneras de escapar de la tentación

Siempre hay maneras de escapar de la tentación. El problema es que a veces no queremos hacer el esfuerzo de huir de ella. Es más fácil sentirse tentado que aprender a escaparse. Es mucho más fácil echarle la culpa a algo o alguien que tomar el control. Pero así, poquito a poco, veremos que nuestro futuro se desmorona. Por algo

Proverbios 25.28 nos dice: «*Como ciudad sin defensa y sin murallas es quien no sabe dominarse*».

Quizás recuerdes que Jesús les habló a los discípulos que lo acompañaban la noche en que fue entregado, diciéndoles: «*Estén alerta y oren para que no caigan en tentación. El espíritu está dispuesto, pero el cuerpo es débil*» (Mateo 26.41). También en Efesios 5.15-17 Pablo nos advierte: «*Así que tengan cuidado de su manera de vivir. No vivan como necios sino como sabios, aprovechando al máximo cada momento oportuno, porque los días son malos. Por tanto, no sean insensatos, sino entiendan cuál es la voluntad del Señor*».

¡Tenemos armas para defendernos de la tentación, solo tenemos que estar dispuestos a usarlas! El arma más poderosa contra la tentación es el Espíritu Santo. Luchar a solas con nuestras fuerzas es muy difícil, y probablemente sea una batalla perdida de antemano. En cambio, rendirnos al Espíritu Santo cada día nos otorga la libertad y la victoria que Jesús ya ganó por nosotros. Confesando nuestras malas inclinaciones y pidiendo ayuda, podremos decir:

> «*He sido crucificado con Cristo, y ya no vivo yo sino que Cristo vive en mí. Lo que ahora vivo en el cuerpo, lo vivo por la fe en el Hijo de Dios, quien me amó y dio su vida por mí*».
>
> (Gálatas 2.20)

Ocúpate con pasión

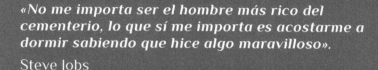

«No me importa ser el hombre más rico del cementerio, lo que sí me importa es acostarme a dormir sabiendo que hice algo maravilloso».

Steve Jobs

«Ya que has guardado mi mandato de ser constante, yo por mi parte te guardaré de la hora de tentación, que vendrá sobre el mundo entero para poner a prueba a los que viven en la tierra».

Apocalipsis 3.10

Recuerdo a una adolescente de la iglesia que tenía un carácter «melancólico-flemático». Ella era sumamente dramática, y en sus historias todo era terriblemente terrible. No había semana que no llegara con algún drama para contar, un problema imposible de arreglar, o un pedido desesperado de ayuno y oración. Siempre se veía involucrada en peleas, habladurías, desengaños y malentendidos. Claro, yo la escuchaba porque me alarmaban sus historias y sobre todo porque era su líder. Así me fui dando cuenta que había una gran fuente de la cual surgía todo esto, y era la cantidad de tiempo y atención que esta chica le dedicaba a la televisión. ¡Esta muchachita alimentaba su alma, sus pensamientos y su corazón con novelas y películas dramáticas! Por su personalidad, ella era especialmente susceptible a lo que veía en esos dramas y entonces, sin que fuera consciente de ello, las novelas se habían convertido en su «pornografía» y ahora se traspasaban a su realidad.

Los seres humanos somos complejos. Todos tenemos nuestras locuras y, como decíamos en el consejo anterior, todos tenemos nuestras tentaciones. ¿Qué más podemos hacer para desarrollar en nuestras vidas dominio propio? ¡Ocuparnos de algo con pasión! Lanzarnos a la aventura de ser respuestas a la oración de otros y de hacer una diferencia positiva en las personas.

Un grupo estudiantes de una escuela secundaria de California había pasado tres meses preparándose y planificando para ir a México durante el descanso de primavera con el objetivo de ayudar en zonas pobres. Ellos habían orado para que Dios los utilizara de una forma grandiosa, y anticipaban una emocionante semana de ministerio. Estos jóvenes viajaron entonces a una pequeña iglesia cercana a la ciudad de Mexicali, para trabajar junto a esa congregación. Al llegar al pequeño poblado rural, los estudiantes en seguida notaron que la pequeña iglesia con la que iban a servir había sufrido un horrible incendio. El techo había cedido, y solamente permanecían en pie las cuatro paredes. Con precaución, los estudiantes comenzaron a entrar a lo poco que quedaba del edificio, mientras oían la melodía de un himno cantado en español. Era domingo, y les salió al encuentro una persona que los hizo pasar. Luego vieron a los nueve miembros de la congregación que estaban en medio de la reunión dominical. Por la cara de sorpresa del pastor y los hermanos, se hizo evidente que la congregación jamás había recibido las cartas del grupo explicando sus planes de ir y quedarse una semana junto a ellos para servirlos. Tanto el pastor como los chicos se esforzaron en comunicarse entre el español y el inglés, intentando dar una explicación a lo que pasaba. Luego se experimentó un silencio. El pastor por fin había entendido a qué venían esos jóvenes, y los jóvenes habían entendido que la iglesia estaba quemada por un acto de violencia de algunas personas que no querían que allí se predicara el evangelio. Luego del silencio hubo lágrimas. El pastor dijo: «Hemos orado mucho para que Dios envíe ayuda, pero ya habíamos perdido toda esperanza de que la ayuda viniese... ¡Alabado sea Dios!» Los treinta y cinco estudiantes de escuela secundaria se quedaron atónitos. Ellos habían escuchado muchas veces que Dios quería usarlos, pero ahora lo estaban experimentando. Uno de los estudiantes, sorprendido, le dijo a otro: «No lo puedo creer, ¡somos la respuesta a una oración!»

El fruto del Espíritu Santo fluye en nosotros cuando nos entregamos a su misión de bendecir a los demás. La tentación, y aun el pecado, pierden su poder seductor cuando estamos ocupados en hacer una diferencia positiva en otros. Creo que muchas veces perdemos de vista el dominio propio porque no estamos haciendo lo que deberíamos.

Una película que nos impresionó mucho a Lucas y a mí es «Una mente brillante», la cual cuenta la hermosa historia de la vida real de John Nash, premio Nobel de Economía, y quien además de tener una mente privilegiada para las ecuaciones matemáticas también sufría de esquizofrenia paranoide. Esta enfermedad involucra la pérdida del contacto con la realidad, ideas delirantes, y trastornos de la percepción. En la película muestran como el Dr. Nash deliraba con conspiraciones secretas y persecuciones, y veía e interactuaba con personas inexistentes. Para tratar su enfermedad lo medicaban, pero John no podía funcionar ni pensar con los medicamentos que le daban. Por eso decidió voluntariamente no tomarlos nunca más y lidiar con sus pensamientos esquizofrénicos, enfocando su mente en las matemáticas. Nash decidió silenciar las voces irreales, y así logró vivir el resto de su vida dominando su tendencia natural y enfocándose en sus fortalezas. Nunca dejó de ver personas producto de su imaginación, de oír voces en su cabeza ni de sentir intriga por los mensajes secretos en las noticias, pero logró distinguir su inclinación paranoide y ocupó su mente de manera positiva dedicándose a enseñar en la universidad.

Satanás quiere usar las tentaciones para destruirnos, pero el Señor puede usarlas para fortalecer nuestro carácter. Quien aprende a liderarse a sí mismo encuentra muy fácil liderar a los demás. Quien sabe cuándo hablar y cuando callar, y discierne cuando actuar y cuando no, encuentra muy fácil avanzar hacia sus proyectos más importantes. La pasión, además, nos agrega encanto. Hay una frase del modisto Yves Saint Laurent que me resultó graciosa pero que también me gustó porque encierra una gran verdad. Él dice que: «el mejor cosmético que una mujer puede conseguir es la pasión, pero el maquillaje es más barato». Es así. Una persona apasionada contagia. Y genera entusiasmo estar con ella.

Vencer a la tentación es vencernos a nosotros mismos primero

Vencer a la tentación es vencernos a nosotros mismos primero, a nuestros deseos y tendencias naturales, y la única manera de lograr esto es someternos continuamente a Dios. Recién cuando aprendemos a soltar el control y a saltar al vacío con abandono pleno, es cuando por fin el Espíritu Santo puede hacer su obra en nosotros. Así como el Dr. Nash, no vamos a dejar de ver y sentir lo que está en nuestra naturaleza, pero con el Espíritu Santo al mando, y enfocados en nuestras fortalezas, podemos reconocer lo malo y mantenerlo bajo control.

Un camino sin obstáculos no conduce a ningún lugar importante. Pero no podemos vivir distraídos y desocupados, dándole lugar a fantasías que nos hagan tirar la vida por la ventana. Por eso quiero hacerte una advertencia: los malos hábitos no se mantienen a raya solos. Es necesario reemplazarlos con hábitos buenos. Para esto es fundamental ocupar sabiamente nuestro tiempo y llenar nuestra agenda de prioridades valiosas. Así tendremos menos espacio para ser tentados.

El Señor nos creó para obras de bien, para ser de bendición. Y cuando estamos ocupados con pasión en esa misión, todo lo demás pierde importancia. Busca tu Biblia ahora, lee allí Efesios 2.10, y cuando termines de leerlo vuelve a masticarlo de manera más pausada hasta que tu alma se apropie de esa verdad...

CONSEJO
22

Arma el equipo
de tu vida

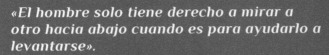

«El hombre solo tiene derecho a mirar a otro hacia abajo cuando es para ayudarlo a levantarse».

Gabriel García Márquez

«Más valen dos que uno, porque obtienen más fruto de su esfuerzo. Si caen, el uno levanta al otro. ¡Ay del que cae y no tiene quien lo levante! Si dos se acuestan juntos, entrarán en calor; uno solo ¿cómo va a calentarse? Uno solo puede ser vencido, pero dos pueden resistir. ¡La cuerda de tres hilos no se rompe fácilmente!».

Eclesiastés 4.9-12

¿Alguna vez te preguntaste por qué muchos pájaros vuelan en una formación de V? Los científicos sí se lo han preguntado. Utilizando programas de computación y simuladores de vuelo, científicos de varias universidades se pusieron a trabajar y descubrieron la respuesta. Las bandadas de pájaros, como por ejemplo las de gansos, forman este patrón porque es la manera más fácil de volar.

La formación de V funciona de forma aerodinámica, como si se tratara de una sola ala gigante. Lo que se busca es que el viento sea distribuido equitativamente entre todas las aves que vuelan juntas, porque esto reduce la resistencia que enfrenta cada ave individual. ¡Veinticinco gansos volando juntos en una V pueden volar un 70% más lejos que un ganso volando solo!

Otra observación interesante es que el ganso líder se sitúa un poco más atrás de lo que sería la punta perfecta de la formación en V. Así, las aves que le siguen reducen parte de su resistencia al viento, y por consiguiente no tiene que trabajar más que el resto de las aves. El beneficio de la corriente de aire del patrón en V, ya que actúa como una sola ala, funciona en ambos sentidos. Mientras que las aves que van al frente ayudan a aquellos que están detrás, el vuelo de los seguidores alivia a los que van al frente. ¡Qué increíble la creación de Dios!

La forma más difícil de pelear es pelear uno solo. No necesitamos revelar todas nuestras debilidades al mundo ni publicarlas en las redes sociales, pero es importante tener columnas de contención que nos ayuden a mantenernos firmes, tanto cuando nos sentimos débiles como cuando necesitamos un «empujón» para llegar más allá de lo que podríamos llegar nosotros solos.

Tus amistades te embellecen, o te afean

Tus amistades te embellecen, o te afean. ¡Es prácticamente imposible que no tengan ningún efecto sobre ti! Por eso, rodearnos de las personas correctas es vital para embellecer nuestro interior.

Creo que todos necesitamos enriquecernos con personas diferentes a nosotros. Creo que es fundamental relacionarnos con gente más sabia, mucho más rica, mucho más pobre, conectada con diferentes conocimientos, e incluso con una espiritualidad totalmente distinta a la nuestra. Pero también creo que debemos seleccionar con muchísimo cuidado quiénes van a ser esos amigos especiales que nos van a levantar cuando estemos caídos, y nos van a ayudar, con su presencia en nuestra vida y con sus consejos, a ser cada día personas más bellas.

El Señor habló de su Iglesia como un cuerpo y como una vid. Ambas ideas destacan un grupo de miembros conectados entre sí y a la fuente de vida, que es Dios. Efesios 1.5 dice que *«nos predestinó para ser adoptados como hijos suyos por medio de Jesucristo»*, y Efesios 2.19 dice: *«Por lo tanto, ustedes ya no son extraños ni extranjeros, sino conciudadanos de los santos y miembros de la familia de Dios».* ¡El propósito de Dios es tener una gran familia con muchos hijos!

Es cierto, no siempre la Iglesia ha sabido ser el apoyo necesario, la familia deseada o la escuela buscada. Y por falta de sabiduría, muchos líderes dañaron más de lo que protegieron a sus miembros. Pero que los seres humanos hayamos fallado no significa que el plan de Dios haya fracasado. ¡El plan original de Dios sigue siendo bueno! Él sabe que separados del cuerpo no podemos funcionar, y por eso es tan importante congregarnos. Lo cual, quiero aclarar, no se reduce solamente a ir a un templo el fin de semana.

Todos necesitamos compañeros de sueños, y no solamente compañeros de la vida. Los niños no eligen libremente a sus amistades y con quienes compartir su tiempo. Encuentran a sus compañeros dentro de la vida que decidieron para ellos sus padres. Los adultos en cambio, sí tenemos la posibilidad de escoger. Y las personas sabias lo hacen.

Todos necesitamos mentores, confidentes y a quién servir

Todos necesitamos mentores, confidentes y a quién servir. Estos tres roles pueden ser jugados por las mismas personas en distintas circunstancias, pero también es aconsejable que busquemos personas a quienes podamos definir en esos roles, sobre todo en los primeros dos.

Yo tengo varias buenas amigas que son mis referentes en algún aspecto de la vida, y con ellas entonces abro mi corazón en lo que hace a ese aspecto en el que son mi referencia. Por ejemplo, con una puedo hablar más de mi relación matrimonial que con otras. A esta amiga puedo contarle algo de Lucas que me cuesta entender, y ella se mantiene en perspectiva, ya que me conoce bien a mí y también a él. Otras amigas, en cambio, se sentirían muy sensibles al escuchar algo incómodo de Lucas. No por ser menos maduras, sino porque él es su líder, o hasta su jefe. Entonces me toca a mí leer el rol que mejor puede jugar cada una. Otra amiga me ayuda mejor con la crianza de mis hijos, y con ella comparto también más desafíos ministeriales. También comparto ciertos temas con mi mamá, porque ella me escucha y me aconseja con sabiduría, y yo elegí escucharla y hacerla mi referente también.

Proverbios 24.6 dice: *«La guerra se hace con buena estrategia; la victoria se alcanza con muchos consejeros»*. No tengas temor de pedir ayuda. ¿Cómo hacerlo? Bueno, por empezar, explica tus intenciones al procurar consejeros. No se me ocurre otra pregunta más acertada para conseguir un mentor que preguntarle a la persona: «¿Podrías ser mi mentor?» ¡Jajá! Suena raro, ¿verdad? Pero mi punto es que debemos escoger y ser maduros e intencionales con algo tan importante.

Busca también otras personas para quienes puedas tú ser un mentor. Trabaja en ayudar a esas personas a ser más bellas y a alcanzar su potencial. Practica las disciplinas espirituales con esas personas. Ora con ellas. Ejercita el dominio propio con ellas, compartiendo una dieta, o ayunos, algún seminario beneficioso o la lectura de un libro. Sincroniza tus planes con los de estas personas para compartir la vida juntos. Festeja sus logros. Habla de ellos con otros. Conéctalos con personas que les puedan ayudar en áreas en las que tú no puedas, y hazles preguntas que los ayuden a pensar sabiamente en las decisiones que tengan que tomar.

Dejarse ayudar por otros y ser de ayuda para otros son definitivamente dos cualidades que distinguen a las personas bellas.

LA MARIPOSA, EL TALLO Y LA FLOR

> *«Para tener labios atractivos, habla palabras de bondad. Para tener ojos hermosos, busca la belleza en los demás. Para moverte con elegancia, camina sabiendo que nunca caminarás solo».*
>
> Sam Levenson, citado por Audrey Hepburn
>
> *«Porque a los que Dios conoció de antemano, también los predestinó a ser transformados según la imagen de su Hijo..».*
>
> Romanos 8.29

Escribí este libro porque en mi corazón hay un ruego que he intentado expresar en cada una de estas páginas, y es que abraces la belleza interior que solo el Espíritu Santo puede producir en nosotros. El fruto del Espíritu Santo es el gran antídoto contra una vida mediocre, sin belleza y sin sabor, y el mundo entero sería mucho más cálido si más personas pudieran irradiar el calor de la presencia de Dios en sus vidas.

Al mirar la naturaleza nos encontramos con muchas metáforas e historias escondidas en los pequeños detalles, que nos enseñan acerca de los procesos de Dios y cómo él puede hacernos personas plenas. Por ejemplo, seguramente habrás escuchado hablar de la metamorfosis, un proceso que experimenta la mariposa. La palabra «metamorfosis» proviene del griego «meta» que significa cambio, y «morfe» que significa forma. Juntas, significan «transformación». La metamorfosis no es exclusiva de las mariposas, sino que también se da en muchos otros insectos, moluscos y anfibios, aunque es difícil que ocurra de manera tan espectacular como en el caso de la mariposa. Los cambios de diferenciación celular por los que pasa una oruga para luego convertirse en una mariposa incluyen grandes modificaciones fisiológicas y estructurales, que abarcan desde el nacimiento hasta que las mariposas alcanzan la completa madurez, con toda su belleza y sus colores.

> Si la oruga más fea puede convertirse en una espléndida mariposa, yo también puedo cambiar

Al mirar una oruga pareciera imposible que un gusano tan feo pueda llegar a convertirse en una bella mariposa. ¿Será que al diseñar eso, Dios nos estaba sonriendo con un poderoso símbolo natural de cómo él puede transformar a una persona? Si la oruga más fea puede convertirse en una espléndida mariposa, yo también puedo cambiar y darle al mundo colores que Dios me diseñó para dar.

Ahora piensa en el tallo de una planta. ¡Es una singular expresión de resistencia! Un tallo desempeña funciones de sostén (mantiene a las hojas, flores y frutos buscando el sol), administración (transporta la savia bruta y distribuye la savia elaborada) y reserva (guarda el agua y las propiedades que conectan a las raíces con el resto de la planta). Los tallos son elásticos, porque Dios los diseño para que puedan doblarse sin quebrarse. Cuanto más se dobla un tallo, más frágil pareciera ser. Pero en realidad allí se esconde su fortaleza porque cuando el viento sopla, lo resiste justamente por saber adaptarse a la dirección del viento.

La persona llena del Espíritu es inconmovible, y no por ser rígida, si no al contrario. Las personas bellas son flexibles. Saben cambiar para acomodarse a las nuevas realidades y a las necesidades de las personas a su alrededor. No pierden sus bases al hacerlo, porque tienen sus raíces bien firmes, pero saben moverse hacia donde sea necesario para que sus frutos estén cerca de la luz de Dios.

Las personas con belleza interior tienen reservas emocionales para sostenerse a sí mismas y sostener a otros cuando en sus mundos hay aflicción. No pierden la esperanza, porque saben que luego de los vientos vendrá la calma, y entonces bailan con gozo mientras los vientos las golpean.

La flor ha sido siempre un símbolo de romance. El poeta Francisco Luis Bernárdez escribió que lo que el árbol tiene de florido vive de lo que tiene sepultado. Y es que para que haya flores también debe haber raíces, y justamente las flores más bellas son fruto de raíces sanas. Confiar en Dios no es solo obediencia. Pasar la vida a su lado nos regala dirección y emoción. Nos llena de amor, de gozo y de paz, y eso nos convierte en personas seguras y atractivas.

Así como la mariposa es símbolo de cambio, el tallo puede doblarse y moverse al viento sin quebrarse, y la flor es producto de lo que hay en la raíz, así también las personas cautivantes son aquellas cuya belleza no se basa en lo visible. Quienes seducen con su ser interior son aquellas personas que tienen ese «algo» que nace de lo que no se ve a primera vista. La célebre pintora mexicana Frida Kahlo decía que la belleza y la fealdad son un espejismo, porque los demás siempre terminarán viendo nuestro interior. Y tenía razón.

La tarea de trabajar en nuestro interior, permitiendo que el Espíritu Santo vaya completando su obra de hacernos parecer más a Jesús, es como renovar el guardarropa. Deshacernos de la ropa que ya no nos queda y que está pasada de moda nos produce una sensación de liberación cuando tenemos que hacer lugar para ropa nueva y que nos calza perfecto. En un sentido espiritual, nos sentimos mejor cuando nos deshacemos de la antigua naturaleza y de nuestros trapos de pecado.

Cada uno de nosotros es una obra de arte original. Nuestra vida en las manos de Dios es como una roca en manos del más excelente escultor. Pero ser moldeados a la imagen de Cristo requiere un trabajo artesanal y paciente. Cambiamos gradualmente, de un grado de parecido, al siguiente. Por lo tanto, nuestra santificación no es una crisis, sino un proceso.

Dios nos invita a cruzar la calle, a saltar hacia sus brazos, a conducir la bicicleta y a meternos en el mar. El es el Padre más maravilloso del universo, y debemos confiar en él como un niño pequeño confía en su papá.

> ❝ Somos llamados a contemplar fija y largamente al Señor Jesús, y somos transformados en tanto reflejamos su imagen

El sorprendente método del Espíritu para embellecer nuestro carácter a su máxima expresión es mostrarnos la gloria de Cristo. El apóstol Pablo escribe en su segunda carta a sus amigos de Corinto que: *«el Señor es el Espíritu; y donde está el Espíritu del Señor, allí hay libertad. Así, todos nosotros, que con el rostro descubierto reflejamos como en un espejo la gloria del Señor, somos transformados a su semejanza con más y más gloria por la acción del Señor, que es el Espíritu».* (2 Corintios 3.17-18). Otras versiones dicen: *«contemplando como en un espejo la gloria del Señor»,* y el verbo original en griego que se traduce al español como «contemplar frente a un espejo» es *katoptrizdomenoi*. Esta palabra combina las ideas de mirar algo por largo tiempo, y de parecerse o reflejar ese algo. Dicho de otro modo, nosotros somos llamados a contemplar fija y largamente al Señor Jesús, y somos transformados en tanto reflejamos su imagen.

Parecernos a Jesús escribe los mejores capítulos de nuestra historia. Embellece nuestras vidas con una hermosura que es resistente al tiempo. Nos rejuvenece por dentro. Nos sostiene en las más furiosas tormentas. Y nos hace florecer.

Bibliografía complementaria

Craig Blomberg. Comentario bíblico con aplicación de Primera de Corintios. Editorial Vida, 2012

Frank Thielman. Comentario bíblico con aplicación de Filipenses. Editorial Vida, 2013

Douglas J Moo. Comentario bíblico con aplicación de Romanos. Editorial Vida, 2011

Scot McKnight. Comentario bíblico con aplicación de Gálatas. Editorial Vida, 2015

Devora M. Coty. Too Loved. A journal for women. (Demasiado amada. Un diario para la mujer). Editorial Shiloh Run Press, 2014

John C. Maxwell. Desarrolle el líder que está en usted. Editorial Caribe, 1996.

John C. Maxwell. Desarrolle los líderes que están alrededor de usted. Editorial Caribe, 1996

Lucas Leys. Diferente. Especialidades Juveniles, 2015

Emmanuel Espinosa, Danilo Montero y Lucas Leys. Generación de Adoradores. Especialidades Juveniles, 2006.

John Ortberg. Guarda tu alma. Editorial Vida, 2014

Stephen R Covey. The 7 habits of highly effective people (Los 7 hábitos de las personas altamente efectivas). Fireside Edition, 1990

Rick Warren. ¿Para qué estoy aquí en la tierra? Editorial Vida, 2012

Randy Frazee. Pensar, Actuar, Ser como Jesús., Editorial Vida, 2014

Sara Hagerty. Every Bitter Thing is Sweet (Cada cosa amarga es dulce). Zondervan, 2014

Joyce L. Gibson and Larry Richards. The Smart Guide to the Bible Series. The Book Of Genesis (Guía inteligente de la Biblia en series. Libro de Génesis). Thomas Nelson, 1992

Nos agradaría recibir noticias suyas.
Por favor, envíe sus comentarios sobre este libro a
la dirección que aparece a continuación.
Muchas gracias.

vida@zondervan.com
www.editorialvida.com